who?

글·그림 Team. 신화

Team. 신화는 재미있는 만화를 만들기 위해 항상 노력하는 창작 그림 집단입니다. 함께 작업한 작품 집으로는 《기탄 교과서 만화》, 《세계 여행기 시리즈》, 《한국 고전 천자문》, 《만화 어린이 꿈 발전소》 등이 있습니다.(ougan@hanmail.net) 《마더 테레사》를 집필한 권용찬 작가님은 《셜이움》을 시작으로, 동화와 칼럼, 만화 시나리오 등 여러 분야에서 활동하고 있습니다. 그림은 김정태, 김민성, 김용갑 작가님이 참여하였습니다.

감수 경기초등사회과연구회
진로 탐색 감수 이랑(한국고용정보원 전임연구원)
추천 송인섭(숙명 여자 대학교 명예 교수)

 세계 인물

마더 테레사

개정판 1쇄 인쇄 2024년 11월 15일
개정판 1쇄 발행 2025년 1월 1일

글·그림 Team. 신화

펴낸이 김선식
펴낸곳 다산북스

부사장 김은영
어린이사업부총괄이사 이유남
책임편집 박세미 **디자인** 김은지 **책임마케터** 김희연
어린이콘텐츠사업1팀장 박정민 **어린이콘텐츠사업1팀** 김은지 박세미 강푸른
마케팅본부장 권장규 **마케팅3팀** 최민용 안호성 박상준 김희연
편집관리팀 조세현 김호주 백설희 **저작권팀** 이슬 윤제희 **제휴홍보팀** 류승은 문윤정 이예주
재무관리팀 하미선 김재경 임혜정 이슬기 김주영 오지수
인사총무팀 강미숙 이정환 김혜진 황종원
제작관리팀 이소현 김소영 김진경 최완규 이지우 박예찬
물류관리팀 김형기 김선민 주정훈 김선진 한유현 전태연 양문현 이민운

출판등록 2005년 12월 23일 제313-2005-00277호
주소 경기도 파주시 회동길 490
전화 02-704-1724 **팩스** 02-703-2219
다산어린이 카페 cafe.naver.com/dasankids **다산어린이 블로그** blog.naver.com/stdasan
종이 신승NC **인쇄** 북토리 **코팅 및 후가공** 평창피앤지 **제본** 대원바인더리

ISBN 979-11-306-5821-6 14990

품명: 도서 **제조자명**: 다산북스
제조국명: 대한민국 **전화번호**: 02)704-1724
주소: 경기도 파주시 회동길 490
제조년월: 판권 별도 표기 **사용연령**: 8세 이상
※ KC마크는 이 제품이 공통안전기준에 적합하였음을 의미합니다.

마더 테레사
Mother Teresa

자신만의 멘토를 만날 수 있는
who? 시리즈

　다산어린이의 〈who?〉 시리즈는 어린이들은 물론 어른들에게도 재미와
감동을 주는 교양 만화입니다. 〈who?〉 시리즈는 전 세계 인류에 영향력을
끼친 인물들로 구성되었으며 인물들의 삶과 사상을 객관적으로 전해
줍니다.

　이처럼 다양한 나라와 분야에서 활약한 위인들의 이야기를 통해 과학,
예술, 정치, 사상에 관한 정보는 물론이고, 나라별 문화와 역사까지 배우게
될 것입니다. 〈who?〉 시리즈의 가장 큰 장점은 위인들이 그들의 삶에서
겪은 기쁨과 슬픔, 좌절과 시련, 감동을 어린이들이 함께 느낄 수 있다는
것입니다. 어린이들은 이 책을 읽으면서 폭넓은 감수성을 함양하게 됩니다.

　〈who?〉 시리즈의 어린이 독자들이 책 속의 위인들을 통해 자신만의
멘토를 만나 미래의 세계적인 리더로 성장하기를 진심으로 응원합니다.

존 덩컨 미국 UCLA 동아시아학부 교수

존 덩컨(John B. Duncan) 교수는 한국학 분야의 세계적인 석학으로
미국 UCLA 한국학 연구소 소장 및 동 대학의 동아시아학부 교수를
겸직하고 있습니다. 하버드 대학교 교환 교수와 고려 대학교 해외
교육 프로그램 연구센터장을 역임했으며, 주요 저서로는
《조선 왕조의 기원》, 《조선 왕조의 시민 행정의 제도적 기초》 등이
있습니다.

세상을 더 나은 곳으로 만든
사람들의 이야기

어린이들은 자라면서 수많은 궁금증을 가지게 됩니다. 그중에서도
"저 사람은 누굴까?"라는 질문은 종종 아이들의 머릿속을 온통 지배해
버리기도 합니다. 다산어린이에서 출간된 〈who?〉 시리즈는 그런 궁금증을
해결해 주기 위해 지구촌 다양한 분야의 리더들을 소개하고 있습니다.

〈who?〉 시리즈에 등장하는 인물들은 인종과 성별을 넘어 세상을 더
나은 곳으로 만든 사람들입니다. 어린이들은 이 책에서 디지털 아이콘으로
불리는 스티브 잡스는 물론 니콜라 테슬라와 같은 천재 발명가를 만날 수
있습니다.

책 속 주인공들의 어린 시절 이야기를 통해 기쁨과 슬픔, 도전과
성취감을 함께 맛보고, 그들과 함께 성장하면서 스스로 창조적이고 인류에
도움이 되는 사람이 되겠다는 포부와 자신감을 갖게 될 것입니다.

〈who?〉 시리즈 속에서 다채롭고 생동감 넘치는 위인들의 이야기를
만나 보세요.

에드워드 슐츠 하와이 주립 대학교 언어학부 교수

에드워드 슐츠(Edward J. Shultz) 하와이 주립 대학교 언어학부
교수는 동 대학의 한국학센터 한국학 편집장을 역임한 세계적인
석학입니다. 평화봉사단 활동의 하나로 한국에서 영어 교사로 근무한
경험이 있으며, 현재 한국과 미국, 일본을 오가며 활발한 활동을
펼치고 있습니다. 저서로는 《중세 한국의 학자와 군사령관》,
《김부식과 삼국사기》 등이 있고, 한국 중세사와 정치에 대한 다수의
기고문을 출간했습니다.

미래 설계의 힘을 얻는 길이 여기에 있습니다

어린이가 성장하는 시기에는 스스로 미래를 설계하며 다양한 책을 접하는 경험이 필요합니다.

어린 시절 만난 한 권의 책이 인생에 미치는 영향이 얼마나 큰지는 꿈을 이룬 사람들의 말을 통해서 알 수 있습니다. 빌 게이츠는 오늘날 자신을 만든 것은 동네의 작은 도서관이었다고 말하고, 오프라 윈프리는 어린 시절 유일한 친구는 책이었음을 고백하며 독서의 중요성에 대해 이야기합니다.

꿈을 이룬 사람들의 공통점은 또 있습니다. 그들에게는 어린 시절, 마음속에 품은 롤 모델이 있었습니다. 여러분의 롤 모델은 누구인가요? 〈who?〉 시리즈에서는 현재 우리 어린이들이 가장 닮고 싶어하는 롤 모델을 만날 수 있습니다. 버락 오바마, 빌 게이츠, 조앤 롤링, 스티브 잡스 등 세상을 바꾼 사람들의 감동적인 이야기를 담은 〈who?〉 시리즈는 어린이들이 구체적인 목표를 설정하고 희망찬 비전을 세울 수 있도록 도와줄 친구이면서 안내자입니다. 〈who?〉 시리즈를 통하여 자신의 인생 모델을 찾고 미래 설계의 힘을 얻을 수 있습니다.

송인섭 숙명 여자 대학교 명예 교수

숙명 여자 대학교 명예 교수이자 한국영재교육학회 회장으로 자기주도학습 분야의 최고 권위자입니다. 한국교육심리연구회 회장, 한국교육평가학회장, 한국영재연구원 원장을 역임했습니다. 자기주도학습과 영재 교육의 이론을 실제 교육 현장에 적용하기 위해 노력하고 있습니다.

평생을 이끌어 줄
최고의 멘토를 만날 수 있는 책

10대에 가장 중요한 것은 무엇일까요? 학과 공부와 입시일까요? 우리나라 최초의 국제회의 통역사로 30년 동안 활동하면서 글로벌 리더들을 만날 기회가 수없이 많았던 저는 대한민국의 초등학생들에게 특별한 조언을 해 주고 싶습니다. 그것은 큰 꿈을 가지는 것이 무엇보다 중요하다는 것입니다.

꿈은 힘들고 지칠 때 나를 이끌어 주는 힘이고 내 인생의 주인이 되어 일어설 수 있게 하는 원동력이 되어 줍니다. 꿈이 있는 아이가 공부도 잘하고 결국 그 꿈을 실현할 수 있게 되는 것입니다. 저 역시 어린 시절 품었던 꿈이 지금의 자리에 있게 한 원동력이었습니다. 남들이 모르는 큰 꿈을 마음속에 간직하고 있었기에 괴롭고 힘들어도 포기하지 않고 다시 일어설 수 있었습니다.

어린 시절 저에게도 힘들고 지칠 때마다 용기를 불어넣어 주고 힘이 되어 주었던 분들이 있었습니다. 지금의 자리로 저를 이끌어 준 멘토들처럼 〈who?〉 시리즈에서 여러분의 친구이자 형제, 선생이 되어 줄 멘토를 만날 수 있기를 바랍니다.

최정화 한국 외국어 대학교 교수

우리나라 최초의 국제회의 통역사로 현재 한국 외국어 대학교 통번역대학원 교수로 재직 중입니다. 세계 무대에서 자신의 꿈을 이룬 여성 신화의 주인공으로, 역시 세계에서 꿈을 펼치려고 하는 청소년들에게 멘토로서의 역할을 충실히 하고 있습니다. 저서로는 《외국어 내 아이도 잘할 수 있다》, 《외국어를 알면 세계가 좁다》, 《국제회의 통역사 되는 길》 등이 있습니다.

차 례

Mother
Teresa

마더 테레사

- 이름: 마더 테레사
- 생몰년: 1910~1997년
- 국적: 인도
- 직업·활동 분야: 성직자,
  자선 활동가
- 주요 업적:
  사랑의 선교 수녀회 설립,
  노벨 평화상 수상(1979년)

마케도니아의 신앙심 깊은 가정에서 태어난 마더 테레사는 수녀가 되어 가난하고 병든 사람들을 돕는 삶을 살겠다고 마음먹었습니다. 하지만 상상을 뛰어넘을 만큼 비참한 인도 하층민들의 삶을 보며 깊은 슬픔과 절망을 느끼게 되지요. 과연 마더 테레사는 어떻게 이 좌절을 다시 희망으로 바꿀 수 있었을까요?

드라나필

마더 테레사의 어머니 드라나필은 깊은 신앙심과 이웃을 사랑하는
마음을 가진 사람이었습니다. 마더 테레사는 어린 시절부터 믿음과
사랑을 실천하는 어머니의 모습을 보고 배우며 봉사에 대한 마음을
키울 수 있었어요.

프란조 잠브레코빅 신부

프란조 잠브레코빅 신부는 선교와 봉사에 관심을 가지게 된 마더
테레사에게 인도 선교사들의 활동을 소개해 줍니다. 이를 계기로 마더
테레사는 수녀가 되어 도움의 손길이 필요한 사람들을 위해 봉사하겠다는
결심을 하게 됩니다.

들어가는 말

- 평생 동안 가난하고 병든 사람들 곁에서 사랑을 실천한 마더 테레사의 삶에 대해 알아봐요.
- 마더 테레사가 활동했던 당시 인도의 사회와 문화에 대해 살펴봅시다.
- 종교적 신념을 가지고 사회를 더 나은 곳으로 변화시키기 위해 노력하는 성직자의 삶에 대해
  알아봐요.

1 믿음 속에 자란 아이

1910년 8월, 마케도니아의 도시 스코페.

이제 이 아기는
하느님의 거룩한
자녀로
태어났습니다.

니콜라 씨,
정말 귀여운 딸이군요.
희망하는 아기 이름이
있습니까?

신부님께서 이 아기에게 가장 어울릴 만한 이름을 지어 주세요!

허허, 무슨 이름이 좋을까요?

……

'아녜스 곤히야'는 어떻습니까?

아녜스(거룩한) 곤히야(꽃봉오리) ……

이 아기에게 정말 잘 어울리는 이름이야!

이름을 듣는 순간 경건해지네요.

아녜스 곤히야! 이게 바로 네 이름이다, 사랑하는 내 딸!

태어난 지 하루 만에 세례를 받고 '아녜스 곤히야'라는 이름을 받은 갓난아기. 이 아기가 바로 마더 테레사입니다.

훗날 아녜스는 세례와
이름을 받은 이날을
실제 생일보다도 더
소중하게 생각했습니다.

신부님, 이렇게
좋은 이름을 주셔서
정말 감사합니다.

천만에요. 소중한
가톨릭 자녀가 또
한 명 늘어났으니, 오히려
제가 감사해야지요.

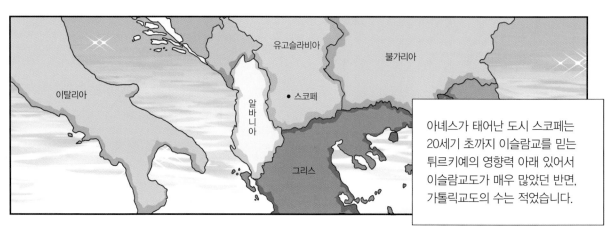

유고슬라비아

불가리아

이탈리아

알바니아

• 스코페

그리스

아녜스가 태어난 도시 스코페는
20세기 초까지 이슬람교를 믿는
튀르키예의 영향력 아래 있어서
이슬람교도가 매우 많았던 반면,
가톨릭교도의 수는 적었습니다.

아녜스의 아버지인 니콜라 브약스히야는 부유한 알바니아계 사업가로, 스코페의 시의원이기도 했습니다. 독실한 가톨릭 신자이자 솔선수범하는 성격이었던 니콜라는 이슬람교도가 많은 스코페시에서도 좋은 평판을 받았습니다.

어머니인 드라나필도 누구보다 신앙심이 깊고 자상한 성격을 가지고 있었습니다.

이렇듯 자상하고 헌신적인 부모님 밑에서 아녜스는 언니 아가, 오빠 라자와 함께 매우 행복한 시절을 보냈습니다.

아빠!

내 귀여운 딸 아녜스!

며칠 동안 아빠가 집에 안 들어오셔서 아녜스가 얼마나 보고 싶어 했는지 아세요?

미안, 미안. 일 때문에 이탈리아에 갔다 왔단다.

이탈리아?

이탈리아는 바다 건너편에 있는 나라야.

아버지는 사업상 유럽의 여러 나라를 여행했습니다. 여행에서 돌아와 각종 선물과 함께 이야기보따리를 풀어놓으면 아이들은 넋을 잃고 듣곤 했습니다. 아녜스는 아버지의 이야기를 들으며 세상 사람들이 모두 자기 가족처럼 행복한 줄로만 알았습니다.

아빠가 이탈리아에서 박물관에 갔는데 말이야.

저도 언젠가 외국에 나가 보고 싶어요!

아녜스가 크면 데려가 주마.

약속! 그래, 약속!

제가 먼저 약속할래요!

아빠, 저도요!

아빠, 뭘 짓는 거예요?

극장을 짓고 있단다.

와, 영화 보여 주고 연극도 하는 곳이요? 그럼 저 건물이 우리 거예요?

모두의 것?

건물을 짓게 돈을 대 주는 건 아빠가 맞지만, 저 건물은 우리 것이 아닌, 이 스코페 시민 모두의 것이란다.

다른 사람들은 극장 만들 돈이 없나요?

으음. 어떻게 설명해야 하나……

세상에는 가난한 사람이 많단다. 그래서 그 사람들은 파티를 열 수도, 장난감을 사서 아이들과 놀 수도 없단다.

하지만 극장이 생기면 아주 적은 돈으로도 가족과 함께 웃고 즐길 수가 있어!

힘들고 지친 사람들에게 이만한 놀이터가 있을까?

으음…….

아녜스한테는 너무 어려운 얘기였나?

그럼 아빠는 가난한 사람들을 행복하게 해 주는 사람이에요?

그렇게 되나?

저도 이다음에 아빠처럼 어려운 사람을 도와줄래요.

아녜스!

네?

역시 내 딸이야!

아버지 니콜라는 스코페시에 최초로 극장을 지었으며 가난한 사람을 돕기 위한 기부도 많이 했습니다. 그래서 많은 사람에게 존경과 사랑을 받았습니다.

네 마음을 다하여 이웃을 너 자신같이 사랑하라.

아녜스는 어려서부터 어머니에게 찬송가와 성경을 자장가처럼 듣고 자랐으며, 자연스럽게 이웃 사랑에 관해 관심을 가지게 됐습니다.

엄마, 왜 우린 가난한 사람에게 베풀어야 해요?

우리의 행복을 남에게 조금 나눠 준다고 해서 나쁠 건 없어.

세상엔 불행한 사람이 아주 많은가요?

세상은 네가 아는 것보다도 훨씬 넓고, 불행한 사람이 아주 많단다.

나도 엄마랑 아빠처럼 이웃을 도우며 살고 싶어요.

착한 우리 딸. 이만 자렴.

네, 엄마.

애들은 다 잠들었소?

네.

우리 아녜스는 참 특별한 아이예요.

특별하다니, 무슨 말이오?

보통 아이들은 성경을 읽어 주면 재미없다고 투정 부리는데, 아녜스는 오히려 눈이 초롱초롱해져요.

그 엄마에 그 딸이구먼.

그런데 무슨 기사를 그렇게 보세요?

세계정세에 관한 기사를 보고 있었어요.

1912년 동유럽에서 터진 발칸 전쟁의 영향으로 유고슬라비아는 튀르키예의 영향에서 벗어났습니다.
그러나 뒤이어 터진 제1차 세계 대전 때문에 유고슬라비아뿐만 아니라 전 유럽이 전쟁에 휘말렸습니다.

이 전쟁으로 아버지 니콜라는 사업에 큰 타격을 받았고, 가족들은 처음으로 배고픔을 겪었습니다.

얘들아, 빵 사 왔다!

겨우 요거예요?

하하, 미안하다.

이 시기에 이렇게 음식을 구할 수 있는 것만 해도 다행이란다.

하지만 아빠는 부자잖아요.

아빠는 하느님의 말씀에 따라 어려운 이웃에게도 음식을 나눠 준단다.

우리 즐겁게 게임을 하면서 저녁 먹을까?

게임이요?

성경 구절을 알아맞히는 퀴즈를 해요!

앗, 싫어요! 나보다 나이 많은 아가 누나한테 너무 유리하잖아요.

난 괜찮아!

에엑!

막내도 허락했으니, 그럼 시작해 볼까? 예수님의 제자는 모두 몇 명일까요?

성경 구절 외우기 게임을 하던
가족들은 깜짝 놀라고 말았습니다.

이럴 줄 알았으면
성경 공부를 더
열심히 하는 건데
…….

내가 더 기가
막힌 것은 말이지.

막내가 나보다
더 많이 맞췄다는
거야!

네 살짜리
동생한테도 지다니,
치욕이다.

그렇게 평소에
엄마가 읽어 주는
성경을 귀담아들었어야지,
우리 아녜스처럼.

에헤헤.

성경 공부 많이
해서 다음엔 엄마를
이길 거예요.

좋아! 그 도전
얼마든지
받아 주지!

그럼 난 하느님의
말씀에 따라 여기
가난한 자들에게 음식을
베풀지니…….

자, 먹으렴!

와아!

엄마는
안 드세요?

아빠랑 엄마는
벌써 먹었지롱!

우우!

아녜스!

이번엔 제가
나눠 드릴게요.

어려운 와중에도 부모님은 신앙과 웃음을
통해 어려움을 이겨 나갔습니다. 부모님의
깊은 신앙심은 세 아이에게도 많은 영향을
끼쳤습니다.

귀여운
우리 천사들!

1916년 11월 11일.
비록 전쟁으로 힘든 시기였지만,
아녜스는 주교 앞에서 견진 성사를
받았습니다. 견진 성사는 믿음을
더욱 굳건히 한다는 뜻의 가톨릭
의식으로, 일곱 살에서 열두 살
사이에 받는 경우가 많습니다.

하느님의 자녀로
다시 태어난 것을
축하한다, 아녜스.

전 아직
어리지만,
많은 것을
깨달았어요.

앞으로 어떠한
시련이 닥쳐도 용감하게
맞설 거예요.

그리고……
그리고…….

히잉, 언니.

이그, 그것도
못 외워? 완전한
그리스도인이
되기 위해 노력
하겠습니다!

맞아,
그리스도인!

엄마, 아빠! 나 완전한
그리스도인이 되도록
노력해서 사람들을
도울 거예요!

정말 기특하구나,
아녜스!

에헤헤.

1918년, 독일이 항복하면서 제1차 세계 대전이 끝났습니다. 스코페에도 모처럼 평화가 찾아 왔습니다.

전후 복구 사업으로 아버지의 사업은 다시 활기를 띠기 시작했습니다.

건물을 짓고, 식량을 수입해 시민에게 싼값에 팔아야 한다.

아버지는 전보다 더 활발하게 사회 활동을 했습니다.

아버지는 많은 정치인, 종교인과도 친분을 쌓았습니다.

안녕하세요,
주교님!

아녜스,
많이 컸구나.

주교님! 저 어른이
되면 봉사를 많이
하는 사람이 되고
싶어요.

그래?
훌륭한 생각이구나!

그런데 뭣부터
해야 할지
모르겠어요!

우선 동네
성당에 다니면서
알아보렴.

엄마,
나 성가대에
들어갈래요.

아직은 어리지 않니?
조금 더 크면 언니와
함께 들어가렴.

지금
들어가고
싶어요!

그럼 언니한테
말해 보렴!

내 주를 가까이
하게 함은~

와!
아가 언니 노래
잘 부른다!

아녜스, 성가대에서
함께 노래해 보겠니?

정말이세요?

아녜스는 언니 아가를 따라다니면서 성당
활동을 열심히 했습니다. 특히 노래를 잘 불러
언니 아가와 함께 솔로 파트를 맡기도 했습니다.

아녜스, 항상 즐거워 보이는구나.

네, 하느님이 항상 저와 함께하시니까요.

아녜스가 대견스럽기도 하지만, 한창 뛰어놀 나이인데 너무 종교에만 몰두하는 건 아닐까 걱정이에요.

걱정하지 마요. 덕분에 심성 고운 아이로 자랐잖소.

그러고 보니 당신이랑 똑같은걸.

정말요?

한번 마음을 정하면 밀어붙이는 고집불통인 점까지!

윽!

그건 고집불통이 아니라 의지라고 하는 거예요!

지기 싫어하는 점도 추가!

싸우는 게 아니라 사이가 무척 좋으신 거야.

엄마랑 아빠 싸우는 거야?

마더 테레사의 성공 열쇠

마더 테레사는 평탄하고 안락한 삶 대신 인도의 가난한 사람들을 위한 힘든 삶을 선택했습니다.

당시 인도 빈민가는 이 세상의 모든 비극이 다 존재하는 듯한 땅이었습니다. 극심한 신분 차별, 엄청난 빈부의 격차, 질병과 기아, 종교 갈등 등 비참함의 정도가 끝이 없었습니다.

마더 테레사는 모두가 포기한 인도의 빈민가를 직접 찾아가 그들이 인간적인 삶을 살 수 있도록 도왔습니다. 그 결과 신분 차별 같은 잘못된 관습이 점점 줄어들게 됐습니다.

가난한 사람들의 어머니, 마더 테레사 ⓒ Turelio

레이건 미국 전 대통령에게 자유의 메달을 받는 마더 테레사

하나　용기

마더 테레사가 처음부터 용기가 있었던 것은 아닙니다. 살이 썩어 가는 한센병 환자나 무서운 전염병에 걸린 사람들을 처음 본 마더 테레사는 선뜻 손을 내밀기 어려웠습니다. 하지만 마더 테레사는 누군가는 그들을 도와야 한다고 생각했고 스스로 용기를 낸 것이었습니다. 마더 테레사는 교황청을 설득해 자신만의 수도회를 만들고 무서운 전염병 환자를 두려워하지 않고 맨손으로 간호했습니다. 최하층 계급의 사람들과 어울리면 자신도 같은 취급을 받는다는 것을 알면서도 도움의 손길을 거두지 않았습니다. 심지어 빈민들을 구하기 위해서 자신의 전부였던 종교의 형식과 절차를 바꾸려는 용기를 내기도 했습니다.

마더 테레사가 이렇게 용기를 내어 솔선수범했기 때문에 다른 사람들도 마더 테레사를 따라 가난하고 어려운 사람들을 돕는 활동에 뛰어들 수 있었습니다.

마더 테레사를 기념하는 조각품 ⓒ Michal Manas

둘 의지

마더 테레사는 의지가 강한 어머니 밑에서 자랐습니다. 아무리 힘들어도 싫은 소리 한번 하지 않고 즐거운 마음으로 봉사하는 어머니의 모습은 마더 테레사에게 의지가 얼마나 중요한지 깨닫게 해 주었습니다. 이 깨달음은 마더 테레사가 인도에서 사람들의 무관심과 편견에 맞서 싸울 때 큰 힘이 되었습니다. 새로운 선교회를 만드는 과정에서 모두가 회의적인 반응을 보였지만, 마더 테레사는 굳은 의지로 포기하지 않고 교황청을 설득했습니다. 또한 죽은 자들을 위한 집을 만들 때 힌두 사제들이 갖은 모욕을 주며 방해했지만, 꿋꿋이 버텼습니다. 수많은 난관에도 포기하지 않고 가난한 사람들을 돕는 마더 테레사를 보고 감동한 사람들이 하나둘씩 마더 테레사의 일에 동참했습니다. 그중에는 인도를 바꿀 수 있는 힘을 가진 상류층과 정치인들도 있었습니다. 가난한 사람을 위해 자신을 희생하겠다는 마더 테레사의 의지가 없었다면 불가능한 일이었습니다.

who? 지식사전

마더 테레사의 조국

마더 테레사가 태어난 1910년대의 유럽은 발칸 전쟁과 오스만 제국의 해체로 인해 여러 차례 나라가 합쳐졌다가 해체되는 일이 많았습니다. 마더 테레사는 알바니아계 사람이었지만, 태어난 곳은 현재의 마케도니아 지역이자 터키의 영향을 받던 스코페였습니다.
마케도니아는 제2차 세계 대전 이후 유고슬라비아 연방 공화국의 일부가 되었다가 1991년에야 비로소 분리 독립하였습니다. 이 때문에 국제적으로 유명해진 마더 테레사를 두고 알바니아와 마케도니아 등 여러 나라에서 국적 쟁탈전까지 벌이며 자국의 국민훈장을 수여하는 일까지 벌어졌습니다. 현재는 마더 테레사가 태어난 곳을 기준으로 삼아 마케도니아를 마더 테레사의 조국으로 인정하고 있습니다.

마케도니아의 국기

통 합

지 식 + 1

셋   인류애

마더 테레사는 인종이나 종교, 계급 등의 이유로 사람을 차별하지 않고 불행한 사람이라면 누구에게나 도움의 손길을 내밀었습니다.

그녀는 당시 인도에서 사람 취급을 받지 못하는 불가촉천민 계층의 사람도 손수 간호하고 음식을 먹여 주었어요. 마더 테레사를 욕하고 모욕하던 힌두 사제가 전염병으로 쓰러지자 오히려 그 사제를 데리고 와 온 정성을 다해 돌보기도 했습니다. 이를 계기로 다른 종교를 믿는 사람들까지 마더 테레사를 존경하고 도와주기 시작했습니다. 이런 마더 테레사의 인류애가 알려지자 전 세계 사람이 감동했고, 가난한 사람들을 위한 봉사 활동이 전 세계 각지에서 활발하게 전개됐습니다. 그 결과 인도뿐만 아니라 아프리카의 오지 등 도움이 필요한 곳들에 여러 단체와 봉사자들이 찾아와 도움의 손길을 내밀게 됐습니다.

인도 콜카타에 있는 마더 테레사의 무덤
© Nomad Tales

who? 지식사전

리지외의 소화 테레사

리지외의 소화 테레사

마더 테레사가 수녀의 본보기로 삼은 리지외의 소화 테레사는 가난한 이웃들을 돌보며 그들에게 사랑을 베푸는 삶을 살았습니다. 비록 스물넷의 나이로 세상을 떠나는 짧은 생을 살았지만, 그녀의 삶은 가톨릭교에 큰 영향을 미쳤습니다.

소화 테레사의 신앙과 사랑에 감동한 교황은 그녀를 세계 선교를 위한 수호 성녀로 선포했습니다. 이로 인해 교황청에서는 수녀들이 수도원을 떠나 세계 각지에서 선교 활동을 하는 것을 허락하게 되었습니다.

만약 리지외의 소화 테레사가 성녀가 되지 못했다면, 마더 테레사 역시 인도에 가지 못하고 평생을 수도원에서만 지냈을 것입니다.

넷 긍정적인 마음

비참한 환경에 처한 사람들을 돌보며 함께 생활한 마더 테레사가 차분하고 조용한 성격이었을 거라 생각하는 사람들이 많을 것입니다. 그러나 마더 테레사에 대한 일화를 보면 우리 생각과 달리 매우 유쾌하고 긍정적인 성격을 가졌다는 것을 알 수 있습니다.

마더 테레사가 폴란드에서 교황을 만나기로 한 날이었습니다. 마더 테레사는 교황을 위해 준비된 카펫을 스스럼없이 밟고 참석자들의 좌석을 바꿔 앉았습니다. 그리고 자리가 모자라자 마더 테레사는 땅바닥에 털썩 앉아서 교황을 기다렸습니다. 교황을 땅바닥에 앉아서 맞이하는 마더 테레사를 보며, 행사를 진행하던 신부는 어찌할 줄 몰라 하며 발만 동동 굴렀습니다. 그러나 이 소동으로 교황 앞에서도 주눅들지 않는 마더 테레사의 자유분방함과 대담함을 직접 목격한 교황은 매우 만족했고 긴장됐던 분위기가 풀렸습니다.

만약 마더 테레사에게 긍정적인 마음과 유쾌함, 대담함이 없었다면 그 많은 고난을 이겨 내지 못했을 겁니다.

마케도니아 스코페에 세워진 마더 테레사 기념 동상
© Varga Attila

마더 테레사 기념 성당

마케도니아의 수도인 스코페시에는 노벨 평화상을 받은 마더 테레사를 기리기 위해 정부에서 세운 기념 성당이 있습니다. 이 장소는 마더 테레사가 태어나자마자 '아녜스'라는 이름을 받았던 성당 터이기도 합니다.

처음에는 이 기념 성당의 건축을 두고 많은 반대가 있었습니다. 왜냐하면, 마더 테레사는 알바니아인이었고, 마케도니아인들은 알바니아인들과 내전을 벌일 정도로 사이가 안 좋았기 때문입니다. 그러나 마더 테레사의 민족을 초월한 인류애에 감동한 마케도니아인들은 이제 헬레니즘 문화를 이룩한 알렉산드로스대왕, 키릴 문자를 만든 키릴 형제와 더불어 마더 테레사를 마케도니아 3대 자랑거리로 여기며 매우 존경하고 있습니다.

마케도니아 스코페에 있는 마더 테레사 기념 성당 © Danielmkd

2 기도하는 가족

전쟁이 끝나고 아버지는 정치 활동을 다시 시작했습니다.

니콜라가 우리 스코페시 대표로 어떤 것 같아?

니콜라는 스코페시에 최초로 극장을 세워서 우리를 즐겁게 해 줬지.

자선 사업도 많이 하잖아.

게다가 지난 발칸 전쟁 때는 튀르키예에 저항하는 독립운동에 가담하며 재정적으로 후원했어.

독실한 신자이고 모범적이어서 부정한 짓은 아예 하지도 않지.

아녜스, 무슨 기분 좋은 일 있니?

사람들이 아빠를 칭찬하고 있잖아.

그래서 웃은 거야?

아빠처럼 존경받는 훌륭한 어른이 되려면 어떻게 해야 해?

칭찬받고 싶어서?

칭찬을 많이 받는다는 건 그만큼 많은 사람을 도왔다는 뜻이잖아! 그러니까······.

어쨌든 나는 사람들을 많이 도울래!

아녜스, 기특하구나.

그래, 우리 힘든 사람들에게 봉사하는 사람이 되자!

응!

아가, 아녜스!

아빠다!

오빠는 여기서 뭐 해?

보면 몰라? 아빠를 도와 사업 하고 있잖아!

크으!

그럼, 오늘 일은 이걸로 끝내고…….

가족사진 찍으러 갈까?

와, 좋아요~

비록 전쟁의 여파가 남아 있긴 했지만, 아녜스의 가족은 신앙을 바탕으로 행복한 생활을 하고 있었습니다.

1919년 어느 날.

뭐야? 코소보의 알바니아 편입을 두고 반대가 거세다고? 알았네! 내가 직접 설득해 보지.

아버지 니콜라의 정책에
반대하는 사람도 있었습니다.
재산도 많고 시민에게 인기도
많은 아버지는 반대파에겐
골칫거리였기 때문입니다.

여보, 꼭 직접
가셔야 하나요?

금방 올 테니,
걱정하지 말고 있어요.

영토는 국제적인
문제잖아요. 반대파에서
극단적인 행동을
할 수도 있어요.

지방의 힘없는 정치인을
누가 견제하겠소. 게다가
내 몸엔 알바니아인의
피가 흐르고 있어요.
알바니아인을 위해
나서야만 합니다.

아빠, 하느님의
축복이 함께할
거예요.

고맙다,
아녜스.

며칠 후.

여보!

이게 도대체 무슨 일이죠?

갑자기 쓰러졌습니다.

엄마, 아빠 괜찮아요?

아녜스?

아가, 동생들을 데리고 들어가렴.

네, 엄마.

상태는
어떤가요?

아마도 오늘
밤을 넘기기가
어려울 것
같습니다.

그럴 리가 없어요!
떠나기 전만 해도
아주 건강했던
사람이라고요.

독에 의한
내출혈인 듯합니다.

독이라니요!
도대체 누가?

코소보 문제를 협의하기 위해 집을 떠난 아버지는
여행 도중 심한 내출혈을 일으켰습니다. 사람들은
이를 두고 아버지가 정치적인 이유로 반대파에
의해 독살됐을 것이라 생각했습니다.

라자, 아빠를 대신해 엄마와 누나, 여동생을 잘 돌봐 주렴.

걱정하지 마세요. 군인이 돼서 나쁜 사람들로부터 가족을 지킬 거예요.

아가, 넌 맏이니까 엄마를 잘 위로해 드리렴.

아빠!

그리고 우리 막내 아녜스.

흐윽, 아빠! 아프지 마세요.

부디 그 이름처럼 사람들을 돕는 거룩한 꽃봉오리가 되어라.

으앙!

하느님께서 날 부르시는구나.

여보!

아버지는 끝내 회복하지 못하고 가족들이 지켜보는 가운데 세상을 떠났습니다. 아녜스가 고작 아홉 살 때의 일이었습니다.

아빠, 안녕!

엄마, 아빠는 천국에 가셨겠죠? 하느님 곁에서 우릴 지켜 주시겠죠?

물론이야. 언제나 친절하고 신앙심 깊었던 아빠는 우리 마음에 영원히 살아 계실 거야.

그러나 아버지의 죽음으로 가족의 불행이 다 끝난 것은 아니었습니다.

집에서 나가라니요? 이 집은 엄연히 우리 집이라고요!

서류에 의하면 이 집은 이미 다른 분께 넘어갔습니다.

이러한 사정에 의해서 집 세 채와 별장 한 채, 그리고 땅과…….

이럴 수는 없어요! 당장 시에 청원하겠어요!

정 그러시다면 잠시 시간을 드리겠습니다.

아버지가 죽자마자 그 동업자가 사기를 쳐서 아버지의 전 재산을 빼앗았던 것입니다. 아녜스의 가족은 졸지에 거리로 쫓겨날 상황으로 내몰렸습니다.

하지만 그동안 아버지가 시를 위해 많은 일을 한 공로로 시에서는 그나마 집 한 채만큼은 가질 수 있도록 보호해 주었습니다.

그러나 아버지가 죽자 아녜스의 가족은 처음으로 경제적 어려움을 겪게 됐습니다.

전쟁 때도 이렇게 초라하진 않았는데.

오빠는 투정쟁이야.

철없는 소리 하지 마.

애들아, 걱정 마.
엄마가 너희를 절대로
굶기지 않을 거야.

어떻게요?
아빠 재산은
더 이상 남아 있질
않잖아요. 게다가
우린 일하기엔
너무 어려요.

엄마가
일을 할 거야!

엄마의 장기인
자수를 만들어
팔아서 돈을
벌 거야.

다만, 엄마와
한 가지만 약속해
주겠니?

매일 우리
가족이
모여
한 번씩은
꼭 기도를
하자꾸나.

엄마, 기도할 때
아빠도 우리와
함께하실까요?

당연하지.
아빠는 언제나
우리와 함께야.

엄마, 뭐 하세요?

아녜스.

엄마, 또 아빠 생각하면서 슬퍼하세요?

엄마는 슬퍼하지 않아. 왜냐하면…….

아빠는 하늘에 계신 아버지, 즉 하느님 옆에 계시니까!

그래, 네 말대로 아빠와 하느님은 언제나 우리 옆에 계신단다.

네, 엄마.

엄마, 빨리 오세요! 배고파요!

자, 받으세요.

마님, 고맙습니다!

언제라도 도움이 필요하시면 찾아오세요.

엄마가 드실 빵까지 주시면 어떡해요?

얘들아, 저 사람들도 우리와 같은 하느님의 자녀란다.

내 형제가 배고파하는데, 어떻게 혼자서만 배불리 먹을 수 있겠니?

아, 우리는 한 형제군요.

엄마! 제 빵도 저분들에게 주고 올게요!

8LdaRxW1E

아버지의 죽음을 어머니는 신앙과 봉사를 통해 극복하고 있었습니다. 가난한 사람을 돕는 어머니의 모습은 어린 아녜스에게 큰 감동을 주었습니다.

아이야, 정말 고맙구나.

에헤헤~

아녜스! 엄마는 우리 아녜스가 정말 자랑스럽구나.

오늘 우리가 베푼 작은 친절은 훗날 모두에게 큰 축복으로 다가올 거야.

어머니가 만든 자수는 사람들에게 인기가 있었습니다. 그 덕분에 생활비를 벌 수 있었고, 세 아이가 국립 학교에 진학할 수 있을 만큼의 돈을 저축할 수 있었습니다.

자수로 만든 제품이 인기가 많아요. 이런 자수를 일주일에 몇 장 만들 수 있나요?

글쎄요. 한 세 장쯤?

또한, 어머니는 남는 시간엔 가난하고 힘든 사람들을 찾아가 봉사도 했습니다.

엄마는 정말 대단해. 밤새 자수를 놓고도 틈만 나면 사람들을 돕잖아.

어제는 빨래를 해 주고, 오늘은 피부병 환자 목욕도 시켜 줬어.

엄마는 정말 강해.
어디서 그런 힘이
나오는 걸까?

목 말라.
물이 어딨더라?

무슨 소리지?

항상 밝은 모습을
보였지만, 사실은
엄마도 힘드셨던
거야.

엄마!

아녜스!

엄마, 많이
힘드셨어요?

아녜스!

이렇게 힘드셨는데,
그동안 어떻게 참고
계셨던 거예요?

의지와
용기가
있었기에
지금껏 버틸 수
있었단다.

엄마, 우리 같이
기도해요!

아녜스에게
어려움이 닥쳤을 때
헤쳐 나갈 수 있는
의지와 용기를
주소서.

하느님, 엄마가
행복해질 수 있게
도와주세요.

다녀오겠습니다.
몸 건강히 계세요.

잘 다녀오렴.

1924년. 오빠 라자가 고향을 떠나
오스트리아로 유학을 떠나게 됐습니다.

막내라고 어리광
부리지 말고, 엄마
잘 도와드려.

칫! 그럴 나이
지났다, 뭐!

함께 지내던 형제가 떠난
공허함 때문인지 아녜스는
성당을 자주 찾게 되었습니다.
하지만 아녜스는 마음속으로
뭔가 부족한 것을 느꼈습니다.
하지만 그것이 무엇인지
아직 깨닫지 못했습니다.

계십니까?

누구세요?

1925년, 스코페 성당에
프란조 잠브레코빅
신부가 부임해 왔습니다.

주임 사제로 온
프란조 잠브레코빅
신부란다.

아녜스
곤히야예요.

관사로 안내해
주겠니?

안내해 드릴게요,
따라오세요.

잠브레코빅 신부는 지금까지와는 차별화된
선교 방법을 펼쳤습니다. 청소년들에게 연극
공연을 통해 더욱 쉽게 사람들이 신앙과
접할 수 있게 했던 것입니다.

잠브레코빅 신부는 엄격한 정통 교리를 벗어나지 않으면서도 사람들이 즐겁게 봉사하도록 이끄는 방법을 알고 있었습니다. 이러한 점은 훗날 마더 테레사에게 그대로 이어졌습니다.

가톨릭에 대하여

하나 | 가톨릭이란

우리가 흔히 말하는 '가톨릭'이란 '로마 가톨릭교회'를 말하며 '천주교'라고도 합니다.

소수만이 믿는 종교였던 가톨릭은 4세기에 이르러 로마 황제인 콘스탄티누스 1세(274~337년)가 신상(존경의 대상이 되는 신의 조각 또는 그림 등)의 자유를 인정하고, 테오도시우스 황제(346~395년)때 국교로 인정받으면서 전 유럽으로 교세가 확장됐습니다. 이후 가톨릭은 1,000년 가까이 유럽의 정신세계와 문화를 지배하며 많은 영향을 끼쳤습니다.

그러나 15세기에 이르러 가톨릭은 초기의 신앙이 변질돼 돈을 받고 죄를 용서해 주는 등 부패하기 시작했습니다. 이로 인해 가톨릭을 개혁하자는 주장과 함께 개신교가 탄생하게 되었고 이에 충격을 받은 가톨릭은 부패를 버리고 본래의 신앙으로 돌아가기 위한 노력을 기울이는 동시에 선교 활동을 활발히 하면서 다시 예전의 교세를 되찾았습니다.

신상의 자유를 인정한 콘스탄티누스 1세 황제

who? 지식사전

바티칸 시국 국기

교황이 다스리는 나라, 바티칸

바티칸은 로마에 위치한 가톨릭의 나라, 즉 교황국입니다. 바티칸 궁전과 산피에트로 대성당 같은 몇 개의 건물과 광장으로만 이루어졌지만, 엄연히 자치권을 가진 독립국입니다.

19세기까지 로마는 교황이 직접 다스리는 교황령이었지만, 19세기에 이탈리아가 통일되면서 교황령이 사라지게 됐습니다. 이에 가톨릭은 이탈리아 정부와 라테란 협정을 맺어 교황청 건물이 있던 일부 지역에 대한 주권을 인정받았는데, 그것이 바로 현재의 바티칸 시국입니다.

바티칸에는 르네상스 시대의 예술가들이 남긴 수많은 걸작이 있습니다. 그래서 1984년에는 유네스코로부터 세계 문화유산으로 지정되기도 했습니다.

20세기 들어 가톨릭은 두 차례의 세계 대전을 겪으면서 전쟁과 박해로 시달리는 사람들을 위해 인종이나 종교에 차별을 두지 않는 원조를 하기 시작했고, 세계 평화 확립에도 노력을 기울여 많은 성과를 냈습니다.

제266대 교황, 프란치스코

둘 교황

교황은 로마 가톨릭의 최고 지도자로, 로마에서 거주하며 가톨릭에 대한 영향력을 행사합니다.
가톨릭 초기 시대에는 교황을 로마 황제가 임명했지만, 교황 그레고리오 7세(1020~1085년)가 세속 권력으로부터의 독립을 선포하면서 추기경들에 의한 선출직으로 바뀌었습니다. 이 시기의 교황은 황제조차도 파문시킬 정도로 힘이 막강했지만, 유럽에 절대 왕정 국가들이 나타나기 시작하면서 교황의 권력은 많이 약해졌습니다. 그러나 19세기 말, 전쟁과 혁명 같은 불안에서 인류를 구하기 위해 성직자가 나설 것을 주장하면서부터 다시 종교 지도자 역할을 수행하게 됐습니다.

우리나라의 천주교 전래

우리나라 최초의 천주교 신부,
김대건의 동상 ⓒ pcamp

우리나라가 가톨릭을 처음 접하게 된 것은 임진왜란 때였습니다. 일본으로 잡혀간 조선 사람들 중 일본에 와 있던 선교사들에 의해 가톨릭으로 개종한 사람들이 생긴 것입니다. 우리나라 땅에 직접 가톨릭이 전파된 것은 중국 청나라의 영향이었습니다. 청나라에 사신으로 갔던 조선의 실학자들이 선교사들이 보여 준 앞선 서양 문물에 큰 관심을 뒀고, 실학자들은 '서학'이라 하며 서양 문물을 연구했습니다. 이후 직접 청나라를 방문해 세례를 받고 개종한 사람들에 의해 조선에 가톨릭이 정착했습니다. 가톨릭은 유교와 맞지 않는 교리 때문에 탄압을 받기도 했지만, 우리나라에 서양 문물이 전해지는 계기를 마련했을 뿐만 아니라, 일제 강점기 때에는 독립운동을 지원하는 등 큰 역할을 했습니다.

셋 **가톨릭의 체제**

교황은 최고 통치 기구로서 교황청을 두고, 교황청의 여러 장관은 교황이 추기경 중에서 임명합니다.

추기경은 교황이 임명하는 최고위의 사제이며, 교황이 사망하면 회의를 거쳐 추기경 중에서 다음 교황을 선출합니다. 추기경 밑으로는 대주교, 주교, 신부 순으로 위계가 정해집니다.

수녀는 가톨릭 수도회에 소속된 여자 성직자로 종교 생활을 하는 한편 교육과 구제 활동을 합니다.

교구에 따라 다르지만, 가톨릭의 정식 성직자가 되기 위해서는 최소한 3년 이상의 신앙생활을 해야 합니다. 이후 수도회에 들어가 몇 년에 걸쳐 단계별로 신앙을 시험받습니다. 약 4년 동안의 양성 과정이 끝나면 1년간의 기간을 두고 하느님께 자신을 바친다는 의미로 유기 서원을 합니다. 유기 서원이 끝나면 평생을 바치는 종신 서원을 합니다.

추기경이 입는 옷

who? 지식사전

종교 개혁

마틴 루터 초상 ⓒ CTSWyneken

로마 가톨릭은 14세기부터 돈을 받고 죄를 사면해 주는 면죄부를 파는 등 부패가 점점 더 심해졌습니다. 그러자 유럽 각지에서 교회를 바꾸자는 개혁 운동이 일어났습니다. 그 대표자가 바로 독일의 마틴 루터(1483~1546년)입니다.

마틴 루터는 면죄부 판매를 거세게 비판했습니다. 이에 대한 벌로 교황이 마틴 루터를 파문했지만, 오히려 이 사건을 시작으로 시민들도 가톨릭에 등을 돌리고 마틴 루터를 지지하기 시작했습니다.

마틴 루터 같은 종교 개혁자들로 인해 부패한 가톨릭을 대신하여 개신교가 등장하였습니다. 개신교의 등장으로 인해 서유럽은 맹목적 신앙에서 벗어나 근대 국가로서 발전하는 계기를 마련하게 됐습니다.

넷 정교

'그리스 정교'라고도 부르는 정교는 가톨릭, 개신교와
함께 기독교를 이루는 3대 분파입니다.
가톨릭이 로마를 기준으로 해서 서유럽에 널리
퍼진 반면, 정교는 로마의 동쪽에 있는 러시아와
동유럽에 널리 퍼졌습니다. 그래서 '동방
정교회'라고도 합니다.

정교회 대성당인 아야 소피아. 현재는 박물관으로 사용되고
있어요.

원래 가톨릭은 로마 제국의 국교였지만, 넓은
제국을 동과 서로 분할 통치하면서 동로마 제국과
서로마 제국으로 나뉘게 됐습니다. 그런데 종교
문제까지 불거지면서 가톨릭이 로마 가톨릭과 정교로
분열되었어요. 그리스도나 마리아를 조각한 성상이
우상이냐 아니냐를 두고 발생한 이 분쟁은 급기야 성상을
인정하는 로마 가톨릭과 성상을 금지하고 성화(종교화)로
대신하자는 정교로 갈라지게 됐습니다. 이후 가톨릭은
서유럽에서 계속 영향력을 발휘했지만, 정교는 15세기에
동로마 제국이 튀르키예에 의해 멸망하자 힘을 잃고
튀르키예에 의해 정치적으로 이용되기만 했습니다.
19세기 무렵 튀르키예로부터 독립한 동유럽 국가들이
정교를 국교로 지정하면서 겨우 그 세력을 회복하기
시작했고, 정교를 국교로 받아들인 러시아가 정교를
이끌며 독자적으로 발전하게 됩니다.
로마 가톨릭과 정교의 차이점은 정통 교황에 대한
관점입니다. 가톨릭은 로마의 대주교를 교황이라 하여
모든 가톨릭 교회의 수장으로 주장하지만, 정교는
교황이란 말을 사용하지 않으며 동로마 제국의
수도였던 콘스탄티노플(현재의 이스탄불)의 대주교만을
최고 수장으로 인정합니다.

종교화에 그려진 성모 마리아와 아기 예수

3 빛이 비치지 않는 곳

신부님, 부탁이 있어요.

그래, 말해 보렴.

성당 도서관을 개방해 주세요!

책은 네가 다니는 학교 도서관에도 있지 않니?

저는 성당 도서관에 있는 신앙에 대한 책을 보고 싶어요.

진작 말하지 그랬니.

도서관은 원하는 사람에게 늘 열려 있단다.

정말이요?

당장 가 볼래요!

아녜스 덕분에
도서관에도 이제
온기가 돌겠군.

아녜스는 도서관에서 여러 책을 보며,
봉사하는 삶을 살아야겠다는 꿈을
키워 나갔습니다.

책을
통해 제 꿈에
한 걸음 더 다가간
느낌이에요.

그래, 봉사하는
삶을 살겠다는
꿈 말이니?

아녜스,
'마리아회' 활동을
해 보겠니?

그게 뭐죠?

마리아회는
기도하는
모임이야.

자선 활동과
자비로운 마음에
대해서 많은 것을
가르치고 있지.

봉사 정신이
투철한 아녜스라면
아주 딱 알맞을 것
같은데.

저 당장
활동할게요!

마리아회는 선교에 목적을 두고
여러 가지 자선 활동을 했습니다.
구성원도 다양해서 신분별로
나뉘어 그에 걸맞은 다양한
봉사 활동을 했습니다.

아녜스는 다른 사람보다도 이른 나이에
마리아회 활동을 시작했습니다.

아녜스, 넌 지치지도
않는구나.

제가 할 수
있는 일을 하는 것
뿐이에요.

마리아회에서 배운 가르침은 봉사의 길을 가겠다는
아녜스의 의지를 더욱 확고하게 했습니다. 그러나
아직은 그 봉사의 대상이나 활동에 대해 막연한
단계에만 머물러 있었습니다.

뭔가 부족해.
나만이 할 수 있는
뭔가가 없을까?

마리아회에서 하는 봉사 활동은 저희 어머니가 하시는 활동과 크게 다르지 않아요. 저는 여기서 더 나아간 봉사를 하고 싶어요.

흐음, 너는 일반적인 봉사가 아닌 보다 뜻깊은 봉사를 하고 싶다는 거구나.

따라오렴.

아, 찾았다!

인도 콜카타로 떠난 선교사 동기들의 편지와 보고서란다.

인도 콜카타?

보통은 인도라고 하면 신비하고 아름다운 곳을 떠올리지.

하지만 못살고 차별받는 사람들에겐 세상 그 어느 곳보다도 비참한 곳이란다.

오! 세상에, 이럴 수가!

이게 정말이에요? 스코페는 전쟁 때에도 이렇게까지 피폐하지 않았다고요!

사진이라 이 정도지. 실상은 더 참혹하단다.

마치 희망도 기쁨도 없는 곳 같아요.

과연 그럴까?

이건 선교사들의 편지와 사진이란다. 집에서 천천히 읽어 보렴.

이 사람들의 아픔과 슬픔이 전해질 것 같아 두려워요.

식사 시간인데, 아녜스가 오지 않네요.

밥 먹는 것보다 더 중요한 게 있다며 뭔가 읽고 있더구나.

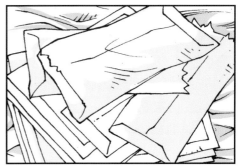

수녀와 신부님들이 이런 곳까지 찾아가 봉사를 하고 있었어!

내가 만약 이런 비참한 상황에 처했다면 세상을 저주했을 거야!

콜카타에서 활동하는 선교사들의 사진과 고통받는 사람들의 모습에 아녜스는 충격을 받았습니다.

그런데 봉사하는 사람도, 봉사를 받는 사람도 미소를 짓고 있어!

도대체 이곳에 뭐가 있기에 이런 열악한 환경에서도 모두 행복한 미소를 짓고 있는 거지?

내 눈으로 직접 확인하고 싶어! 수녀가 되어 콜카타에서 봉사하고 싶어!

아녜스, 이른 아침부터 어쩐 일이니?

신부님, 전 믿을 수가 없어요.

이분들은 어떻게 이 비참한 상황에서도 미소를 잃지 않고 봉사할 수 있는 거죠?

두렵니, 아녜스? 이제 종교와 봉사의 길을 포기할 거니?

아니요! 그 반대예요.

그동안 제가 생각했던 봉사는 제가 아니라도 누구나 할 수 있는 봉사였어요.

하지만 콜카타의 선교사들은 그들이 아니면 할 수 없는 일을 하고 있어요.

콜카타에 가고 싶어요! 그곳에서 저만이 할 수 있는 그런 뜻깊은 봉사를 하고 싶어요.

너라면 할 수 있을 거라는 믿음이 생기는구나.

잠브레코빅 신부는 마리아회 회원들에게 콜카타에서 봉사하는 선교사들에 대해 알려 주었고, 감동한 회원들은 모두 하느님의 이름으로 뭔가를 해야겠다는 결심을 하게 됐습니다.

특히 아녜스는 선교사들처럼 고향을 떠나 도움이 필요한 가난한 사람들 곁에서 살아가리라고 결심했습니다.

우리 동네에서 가장 심하게 앓는 사람도 이들에 비하면 오히려 건강하다고 할 정도야.

식량이 부족했던 전쟁 때도 이 정도가 될 때까지 굶지는 않았어.

콜카타에서는
스코페보다 더 많은
사람들이 병들고, 굶주리고,
고통으로 신음하고 있어.
그렇다면 인도 전역에서
고통받는 사람은 또 얼마나
많을까?

수녀가 되고 싶어.
빛조차 비치지 않는 곳에
한줄기나마 빛을 주고
싶어.

근데 그들을 도우려면
어떻게 해야 하지?

소화? '작은 꽃'
이라는 뜻이구나.

소화(小花) 테레사

내 이름도 거룩한 꽃봉오리라는 뜻이지. 어떤 분이실까?

아녜스가 성당 도서관에서 접한 소화 테레사에 관한 책은 이후 아녜스의 인생을 송두리째 바꾸고 말았습니다.

소화 테레사(1873~1897년)는 프랑스의 리지외 지방에서 자랐습니다. 소화 테레사는 교황의 허락을 받아 열다섯의 어린 나이에 수녀가 됐고, '작은 꽃'이라는 뜻의 세례명을 받았습니다.

소화 테레사는 스물네 살 때 결핵을 잃아 세상을 떠났지만, 《한 영혼의 이야기》라는 자서전을 남겨서 사람들에게 많은 감동을 주었습니다.

소화 테레사에 관한 책을 읽고 나자 수녀가 되겠다는 아녜스의 결심은 더욱 강해졌습니다. 훗날 아녜스는 수녀가 될 때 소화 테레사의 이름을 따 '테레사'라고 지었습니다. 이것이 바로 우리가 아는 마더 테레사 이름의 유래입니다.

내가 만약 수녀가 될 수 있다면 이분처럼 '테레사'라는 이름을 받고 싶어.

쾌활한 건 여전하지만, 행동이나 표정에서 어른스러운 점이 보이는구나.

그렇죠?

요즘 아녜스가 굉장히 어른스러워 보이지 않아요?

그러고 보니, 그렇구나.

아녜스, 무슨 할 말이 있니?

신부님, 수녀가 되려면 어떻게 해야 하죠?

수녀라고? 수녀가 되기로 결심한 거니?

네, 수녀가 되고 싶어요.

수녀가 되어 사람들을 위해 봉사하고 싶어요!

보통 사람들은 상상하지 못할 정도로 비참하게 살고 있는 사람들에게 제가 힘이 되어 주고 싶어요.

난 소녀들이 수녀가 되겠다고 하면 칭찬해 줬다. 하지만 나 역시 성직자라 수녀 생활이 얼마나 힘들고 외로운지 잘 알기에 실제로 권하진 않았어.

그리고 대부분의 소녀들 또한 어른이 되면 현실을 찾아 수녀의 길을 포기했고.

하지만 전 포기하지 않을 거예요.

네가 정말 진지하게 생각한 거라면 먼저 가족의 허락을 받아라. 가족을 슬프게 하고 다른 사람을 위해 봉사한다는 것은 앞뒤가 맞지 않아.

게다가 가족의 허락 없이는 수도원에 들어갈 수도 없단다.

아녜스, 지금 뭐라고 했니?

1928년, 아녜스는 수녀가 되겠다고 말했지만, 어머니는 매우 놀라며 크게 반대했습니다.

수녀? 안 된다! 예정대로 대학에 가거라, 아녜스!

엄마······.

엄마는 신앙심이 깊으시잖아요. 그런데 어째서 제가 성직자가 되는 걸 반대하시죠?

신앙심이 깊다고 성직자가 되는 건 아니야!

좋은 사람 만나 결혼하고 살면서 깊은 신앙심을 가지고 봉사를 하면 군이 성직자가 되지 않아도 되잖니!

알아요, 엄마. 엄마 같은 봉사자가 있기 때문에 이 마을의 가난한 사람들에게 조금이라도 빛이 비치니까요.

하지만 전 그 빛조차 비치지 않는 곳에서 사람들을 돕고 싶어요.

전 열두 살 때부터 마음속으로 수녀가 되자고 생각했어요!

난 못 들은 것으로 하겠다.

엄마…….

아녜스가 수녀가 되기로 결심했다는 소식은 라자 오빠에게도 전해졌습니다.

뭐? 아녜스가 수녀가 되고 싶어 한다고?

학교를 졸업하고 알바니아에서 장교로 근무하고 있던 라자는 즉시 아녜스에게 설득하는 내용의 편지를 보냈습니다.

아녜스, 난 네가 수녀가 되겠다는 생각을 이해할 생각도, 받아들일 생각도 없어. 성직자가 된다는 것은 어린 시절 한 번쯤 생각해 보는 것으로 충분해. 정 그렇게 봉사하고 싶다면 성경의 가르침대로 우리 주위의 이웃에게 하렴. 아니면 나처럼 국왕을 위해 봉사하든가. 네가 아니더라도 타국의 가난한 자를 위해 살 성직자는 얼마든지 있어.

오빠까지 내 마음을 몰라주다니…….

고향에서 온 편지입니다.

아녜스로군. 이제 정신 좀 차렸나?

아녜스!

오빠는 알바니아에서 이백만 명의 백성을 거느린 왕을 위해 일하고 있지만, 난 온 세상의 왕, 하느님을 위해 일할 거야.

이렇게 되면 세상 그 누구도 아녜스의 고집을 꺾을 수 없어.

괜찮으십니까?

엄마, 제 결심은 꺾이지 않아요. 제가 굳은 의지를 가졌다는 걸 엄마도 아시잖아요.

으흑!

아녜스의 결심이 확고하다는 것을 깨달은 어머니는 온종일 방에 들어가 기도했습니다.

그리고 여보, 아녜스를 지켜봐 줘요.

하느님 아버지, 이제 홀로 하느님의 길을 따르려는 아녜스에게 축복을 주시옵소서.

아녜스, 정말 마음을 바꾸지 않겠니?

엄마…….

사랑하는 내 딸 아녜스,
네가 수녀가 되고
새 이름을 받게 되면
앞으로는 이 이름을
영원히 부르지 못하겠지.

엄마, 그럼?

아녜스, 하느님 손을
꼭 잡고 죽는 날까지
그분과 함께해라.
성모님께서 항상 네
옆에 함께하실 거야.

엄마!

아녜스!

잠브레코빅 신부는 아녜스에게 콜카타에서 가장 열심히 선교 활동을 하는 로레토 수녀원을 추천했습니다.

로레토 수녀원에 간다면 네가 원하는 봉사를 할 수 있을 거야.

네, 신부님.

그러던 어느 날.

아녜스, 네게 줄 게 있단다.

로레토 수녀원에서 온 편지란다.

와~, 수녀원에 입학해도 된대요!

하지만 이 입학 허가는 겨우 6개월뿐이란 걸 명심해라.

정식 수녀가 되려면 어떤 단계를 거쳐야 하나요?

견습에 해당하는 지원기 교육이 끝나야 예비 수녀가 되어 *청원기와 *수련기를 시작할 수 있단다.

*유기 서원기부터 정식 수녀로 불리지. 수련이 끝나면 평생을 수녀로 살 건지를 결정해야 해.

그게 바로 *종신 서원이란다. 네가 말하는 진짜 수녀가 되기 위해서는 대략 10년은 걸린다는 거지.

기, 길다!

겁부터 주실 거예요? 다른 사람 같았으면 벌써 질려서 포기했을 거예요!

너니까 이런 얘기도 해 주는 거란다, 미래의 수녀님!

*청원기: 수련기를 준비하는 기간으로, 수녀로서의 적성을 확인하는 시기
*수련기: 수도회에 들어가 수도자가 될 것을 맹세할 때까지의 시기
*유기 서원기: 수련기를 거친 후 자신이 평생 수도자로 살 수 있는지 식별하는 시기
*종신 서원: 평생 수도자로 살겠다고 하느님께 드리는 약속

마더 테레사가 사랑한 나라, 인도 1

인도의 국기

하나 인도의 문명

4대 문명의 발상지 중 한 곳인 인도는 인더스강을 중심으로 한 인더스 문명을 바탕으로 기원전 3,000여 년 전부터 발달한 나라입니다. 그러나 인더스 문명은 기원전 1,500년경에 갑작스럽게 붕괴됐는데, 원인으로 홍수, 이민족의 침입, 환경 변화 등이 지적되고 있지만 아직까지 밝혀진 것은 없습니다. 인더스 문명의 뒤를 이어 인도를 지배한 것은 철기 문화를 가진 유목민 아리아인들입니다. 아리아인들은 베다 시대를 열면서 인도의 가장 큰 특징인 카스트 제도를 만들었습니다.

둘 다양한 인종과 종교의 왕국

기원전 327년, 인도 북부의 작은 왕국들이 마케도니아의 알렉산드로스 대왕에게 정복당하지만, 알렉산드로스 대왕이 요절하자 찬드라굽타가 인도 북부를 통일하고 최초의 왕국인 마우리아 왕조를 열었습니다. 마우리아 왕조는 불교를 국교로 삼아 국민을 하나로 묶는 데 성공했습니다. 마우리아 왕조는 불교를 해외에 전파하기도 했는데, 이를 통해 불교는 세계적인 종교로 발전할 수 있었습니다.

기원전 185년경, 마우리아 왕조가 멸망하자 쿠샨 왕조가 그 뒤를 잇게 됩니다. 쿠샨 왕조는 브라만교를 중심으로 발전하던 힌두교를 받아들이고 카스트 제도를 법제화해 신분제를 더욱 강화시켰습니다. 이 전통은 굽타 왕조까지 이어지며 불교와 힌두교가 함께 발전하게 되었습니다.

7세기경, 이슬람 세력이 인도에 들어오면서 변화가

알렉산드로스 대왕 ⓒ Ruthven

생겼습니다. 하나의 신을 믿는 이슬람교를 국교로 한 이슬람 왕국들은 여러 신을 믿는 불교와 힌두교를 탄압했습니다. 이렇게 오랫동안 이슬람교 통치가 시작됐지만, 16세기에 건국된 무굴 제국은 종교적 관용을 베풀어 힌두교를 인정하였습니다.

셋   인도의 몰락

무굴 제국은 말기에 이르러 왕권 경쟁으로 내분을 겪고, 다시 이슬람 강화를 주장하며 힌두교를 박해했습니다. 더구나 식민지 정책을 펼치던 영국에게 동인도 회사의 설립을 허락하면서 침략의 빌미를 만들어 주는 실수를 저지르기도 했습니다.
이렇게 인도는 긴 역사 동안 다양한 인종과 종교, 문화가 어우러지면서 문화적으로는 발전했지만, 많은 갈등과 함께 문제점을 가진 복잡한 나라가 되고 말았습니다. 그리고 이러한 갈등은 국력을 약화시켜 결국 영국의 식민지로 전락하고 말았습니다.

고뇌하는 석가모니를 표현한 반가사유상
© parrhesiastes

who? 지식사전

동인도 회사

동인도 회사는 17세기에 교역을 목적으로 동양, 특히 인도에 설립된 각국의 회사를 일컫습니다. 영국뿐만 아니라 네덜란드나 프랑스 등도 각각의 동인도 회사를 운영했습니다.
동인도 회사 초기에는 인도의 홍차나 면직물을 수입해 유럽에 팔았습니다. 그러나 무역량이 늘자 직접 농장을 만들고 인도인들을 강제 노역시키는 등 식민 지배적인 행태를 보였습니다. 영국 동인도 회사는 프랑스 동인도 회사를 물리치고 인도 무역을 독점하지만, 무리한 수탈로 인해 세포이(인도의 용병)의 항쟁을 일으키는 계기를 만들었습니다. 결국, 동인도 회사는 통치 기반을 모두 영국 국왕에게 넘기고 해산했습니다.

런던에 있던 영국 동인도 회사의 본사 건물

셋 　 **식민지 시대의 인도**

영국의 식민지 지배에 반대하며 동인도 회사의 인도인 용병(세포이)들이 무력 항쟁을 일으켰고, 이 항쟁은 인도 전역으로 퍼져 나갔습니다. 그러나 영국의 반격으로 세포이 항쟁은 실패로 끝나고 무굴 제국까지 멸망하게 되면서 인도 전체가 영국의 식민지로 전락하고 말았습니다.

인도의 막대한 자원이 유럽으로 흘러들어 가는 반면, 인도인들은 극심한 수탈에 시달려야 했습니다. 농민들은 농촌을 버리고 일거리를 찾아 도시로 몰려들었는데, 이것이 훗날 인도의 도시마다 빈곤층이 넘치는 계기가 되었습니다.

제국이 멸망하자 인도 각 지역의 영주(마하라자)들이 왕에 버금가는 권한을 가지게 됐습니다. 마하라자는 영국인의 비호를 받으며 자식들을 유럽으로 유학 보내고 서양

영국 동인도 회사 세포이들의 모습

문물을 받아들이는 등 사치와 영화를 누렸습니다. 영국도 식민지 통치를 위해 이러한 유학을 장려했습니다.

그러나 영국의 의도와는 달리 상류층 출신으로 유학을 갔던 지식인들은 서양의 인본 사상에 영향을 받아 인도에 귀국하자마자 사회 개혁 운동을 펼쳤습니다. 지식인들이 앞장서서 민족주의를 부르짖자 인도인들도 그에 호응하여 영국 상품 불매 운동을 벌였습니다. 마하트마 간디를 주축으로 한 비폭력 저항 운동은 영국인들에게 골칫거리였습니다.

제1차 세계 대전을 승리로 이끈 영국은 인도에 대해 더욱 강력한 식민지 정책을 펼쳤지만, 제2차 세계 대전이 끝나자 영국의 연방이 되는 것을 조건으로 인도의 독립을 승인했습니다.

1947년 8월 15일, 네루가 인도의 초대 총리에 취임하면서 인도는 비로소 식민지 시대에서 벗어나게 됐습니다.

인도의 독립 전쟁을 이끌었던 독립운동가 라니 락슈미바이

넷 힌두교 신앙

힌두교의 발생 시기는 기원전 2,500년까지 거슬러
올라가지만, 종교로서의 역할을 하게 된 것은 기원전
1세기경 쿠샨 왕조가 들어서면서부터입니다.
힌두교는 현재의 불행과 행복은 이전 생에서 선하게
살았느냐, 악하게 살았느냐에 달려 있다는 윤회와
전생을 강조했습니다. 힌두교 사상을 바탕으로,
사람들은 현재 카스트 역할에 충실하면 내세에서는
조금 더 나은 카스트로 태어난다고 여겼습니다. 이것은
신분 질서를 유지시키고 사회의 불만을 억누르는 효과는
탁월했지만, 반대로 숙명론을 심어 주어 사회 발전을
가로막는 부정적인 역할을 하기도 했습니다.
힌두교에서는 세상을 창조한 브라흐마, 세상을 유지하는
비슈누, 세상을 멸망시킬 시바, 이렇게 삼신을 최고
신으로 숭배합니다.

힌두교의 시바 신 동상 ⓒ Deepak Gupta

who? 지식사전

불가촉천민 출신의 대통령, 람 나트 코빈드

2017년 제14대 인도 대통령에 당선된
람 나트 코빈드

2017년 7월, 인도에서 사상 두 번째로 불가촉천민 출신의 대통령이 탄생했습니다.
바로 람 나트 코빈드 대통령이에요.
람 나트 코빈드는 인도 북부 우타르프라데시주 칸푸르의 불가촉천민 가정에서
태어났습니다. 그는 법대를 졸업한 뒤 변호사로 활동했으며 두 차례 상원 의원을 지낸
뒤 비하르주 주지사를 역임했어요.
1955년 인도에서는 헌법으로 불가촉천민에 대한 차별을 금지했습니다. 또한 대학
진학이나 공무원 임용 등에서 소외 계층을 일정한 비율로 선발하는 쿼터제를 실시하는
등 적극적인 평등 정책을 채택해 불가촉천민 출신의 대학 진학이나 공직 진출이 드문
일은 아니라고 합니다. 람 나트 코빈드 대통령 역시 이런 제도를 통해 대학 진학과
다양한 사회 활동을 할 수 있었어요.
하지만 법적인 평등과 별개로 여전히 불가촉천민에 대한 종교적 · 문화적 · 사회적
차별이 존재하고 있어 인도에서는 이를 극복하기 위한 다양한 노력을 하고 있습니다.

4 수녀가 되기 위해

1928년 9월 26일, 아녜스가 고향을 떠나는 날이 밝았습니다.

아녜스 언니!
수녀가 된 다음에
꼭 돌아올 거죠?

응, 언젠가 반드시
돌아올게.

부디
몸조심해.

너도.

하느님의 은총이
너와 함께하기를
빈다.

신부님, 그동안
감사했습니다.

아녜스, 친구들과 인사 다 나눴니? 이제 출발하자꾸나.

네, 엄마.

내 고향 스코페, 안녕! 친구들아, 안녕!

아녜스가 떠나는 날, 친구들과 성가대원들이 배웅을 나왔습니다. 아녜스와 친구들은 울지 않기로 맹세했지만, 아무도 그 약속을 지키지는 못했습니다.

로레토 수녀원이 있는
아일랜드로 가기 위해서는
먼저 크로아티아의 자그레브에서
기차를 갈아타야 했습니다.
어머니와 언니인 아가가
자그레브까지 동행했습니다.

아녜스, 혼자
쓸쓸하지 않겠니?

아일랜드까지는
아주 멀단다.

괜찮아요,
엄마. 동행이
있어요.

동행?

나처럼 로레토
수녀원으로 가는
사람이 있어서
자그레브에서
만나기로 했어요.

혹시
아녜스 곤히야?

베티카?

안타깝게도 이날의 이별을 끝으로
아녜스는 어머니와 언니를 다시는
볼 수 없었습니다.

프랑스

스위스   오스트리아

동유럽에서 아일랜드까지 가는 길은 매우 멀고
힘들었습니다. 아녜스가 탄 기차는 오스트리아와
스위스를 거쳐 드디어 프랑스에 도착했습니다.

로레토 수녀원에 입학하기
위해서는 먼저 파리 근처에
있는 로레토 수녀원의
기숙사에서 적성검사를
받아야 했습니다.

%^*&^$%^&&

큰일이다.
우리와 언어가
달라.

이제
우린 어쩌지?

말귀도 못
알아듣다니! 우린
불합격일 거야!

이런, 이제 보니
내 말을
못 알아듣는군.

다행히 유고슬라비아 대사관
직원이 와서 통역해 주었습니다.
시험 결과 아녜스와 베티카는
좋은 점수를 받았습니다.

두 분 다 입학이
허가됐답니다.
축하합니다.

$%^%^&*
@#$%

다행이다!

파리 기숙사를 떠난 아녜스는 영국 해협을 건너
런던에 도착한 후 기차와 배를 갈아타고 아일랜드의
더블린으로 갔습니다.

아녜스
곤히야입니다.

베티카
카즈느크예요.

어머! 이번에
새로 입학하는
분들이군요.
들어오세요!

아녜스가 로레토 수녀원에
도착한 것은 1928년 10월
12일이었습니다.
고향을 떠난 지 보름이
지나서야 겨우 목적지에
도착한 것입니다.

여러분은 이곳에서 6주에 걸쳐 영어를 배워야 합니다.

네? 그럼 수녀는 언제 되나요?

열의가 넘치는 것은 좋아요, 아녜스.

6개월에 걸친 수련을 받고 그다음에 적성에 맞다 싶으면 정식으로 수련 수녀에 지원하세요.

여기서는 우선 언어부터 익히고, 나머지 기간은 부임지에서 마치도록 합니다.

아녜스와 베티카는 인도를 지원했던가요?

네!

본격적으로 아녜스의 수련 기간이 시작됐습니다. 수련 기간에는 영어를 배우는 것 외에도 수녀원 분위기를 미리 체험할 수 있었습니다.

넌 영어를 정말 빨리 익히는구나. 부러워.

아빠를 닮아서 그래.

돌아가신 아빠가 외국어를 잘하셨거든.

부럽다. 그 재능을 이어받았다면, 인도어도 잘 익힐 수 있을 거야!

6주간의 교육이 끝나자 아녜스는 인도로 떠날 수 있었습니다.

아녜스, 베티카, 6주간의 수련을 무사히 마쳤군요. 축하합니다.

인도까지 가려면 얼마나 걸리죠?

그렇게 오래 걸리지 않아요.

아일랜드에서 인도까지는 배를 타고 간답니다. 이집트의 수에즈 운하를 건너고, 그다음에 스리랑카를 거치면 한 달쯤 걸리려나?

배를 타고 세계의 반을 여행하는 셈이군요!

1928년 12월, 아녜스와 베티카는 로레토 수녀원을 떠나 인도로 향했습니다. 일행은 거의 한 달이 걸려 인도 뭄바이에 도착했고, 이곳에서 다시 기차를 타고 콜카타까지 갔습니다.

아녜스 일행이 콜카타에 있는
로레토 수녀원 분원에
도착한 것은 해를 넘긴
1929년 1월이었습니다.

수련 수녀는
콜카타에서
수련을 받나요?

아니요. 6개월의
수련은 다르질링에서
이루어져요.

아녜스는 히말라야 산맥이 자리한 다르질링에서
6개월의 수련 기간을 지냈습니다.

저 산을 보니,
내 마음도 하얘지는 것 같아.
이곳에 온 목적이 희미해지지
않도록 늘 바른 생각을
하며 살아갈 거야.

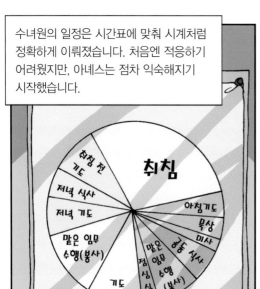

수녀원의 일정은 시간표에 맞춰 시계처럼 정확하게 이뤄졌습니다. 처음엔 적응하기 어려웠지만, 아녜스는 점차 익숙해지기 시작했습니다.

침정 전
기도
저녁 식사
저녁 기도
많은 임무 수행(봉사)
기도
점심 식사
많은 임무 수행(봉사)
점심 식사
미사
아침기도
묵상
취침

오전과 오후, 두 차례 진행되는 봉사 임무는 아녜스에게 큰 즐거움이었습니다.

봉사가 없는 날에는 신앙 공부를 하도록 하자.

오늘 오전엔 보육원에 가서 아이들을 돌봤어!

1929년 5월, 6개월의 수련 기간을 마친 아녜스는 대주교로부터 수녀복과 베일을 받고 수련 수녀가 됐습니다.

앞으로 2년 동안 영적인 생활에 힘을 기울이십시오.

인도어를 배워야겠어. 인도 말을 알아야 사람들을 도울 수 있을 테니까.

아녜스는 2년 동안 정식 수녀가 되기 위한 교육을 받는 한편, 인도어를 공부하는 데도 힘을 기울였습니다.

1931년 5월 24일, 2년간의 수련이 끝나자 아녜스는 로레토 수녀회의 정식 수녀가 되기 위해 종신 서원을 했습니다.

여러분은 오늘부터 새로운 이름을 받게 됩니다.

아녜스 자매, 평소에 바라는 이름이 있다고요?

전 '테레사'라는 이름을 받고 싶습니다.

소화 테레사는 사랑의 힘을 몸소 보여 주신 분입니다. 이제 젊은 수녀 테레사가 성녀 소화 테레사의 모범을 따르기로 맹세하였습니다.

아녜스는 성모 수녀회의 규칙에 따라 서약을 하면서 테레사라는 이름을 받았습니다.

아멘!

이제부터 테레사라는 이름에 걸맞게 사랑과 봉사로 이 세상을 살아갈 거야.

테레사라는 이름을 받았다며? 난 마그달레나란 이름을 받았어!

축하해, 마그달레나 수녀님!

고마워, 테레사 수녀님.

유기 서원 기간에 아녜스는 베티카와 헤어져 다르질링의 성모 마리아 학교에서 인도 어린이들을 가르쳤습니다.

그동안 고마웠어, 마그달레나 수녀님.

우리 멀리 떨어져 있더라도 계속 연락하자.

테레사 수녀는 몇 년간 학교에서 아이들을 가르치는 한편, 작은 의료원에서 간호사들을 돕기도 했습니다.

이 환자분의 옷을 벗기고 빨아 주세요.

네, 알겠습니다. 금방 해 드릴게요.

1937년 5월 24일, 테레사 수녀는 평생을 신께 바칠 것을 맹세했고, 관례에 따라 '마더 테레사'라고 불리게 됐습니다.

'마더'는 원래 로레토 수녀원에서 여교사를 지칭하는 단어였지만, 훗날 테레사 수녀를 대표하는 호칭이 되었습니다.

왜 서로 떨어져 앉아 있지요?

우린 속한 카스트가 달라요!

될 수 있으면 안 부딪히려고 해요.

나는 카스트 계급에 속해 있지 않지만, 이렇게 여러분과 말을 나누잖아요.

마더 테레사는 외국인이잖아요.

백인 교사일 경우에는 카스트에서 2단계나 3단계로 인정해요.

어린아이들까지도 계급의 틀에 묶여 있다니…….

마더 테레사는 자신이 학생들을 가르칠 수 있는 자질이 있는지 돌아보면서 행동을 통해 모범을 보이려고 노력했습니다.

이 아이들의 의식부터 바꿔야겠어. 그러자면 먼저 신분에 상관없이 서로 돕고 어울릴 수 있도록 해야 해.

마더 테레사.

원장 수녀님.

콜카타의 중학교에서
학생들을 가르쳐 보지
않겠어요?

네, 좋아요.
해 보고 싶어요.

1937년부터 마더 테레사는 벵골의 중학교에서 윤리와 역사, 지리를
가르쳤습니다. 이때까지만 해도 마더 테레사는 인도의 비참한 현실을
실감하지 못했습니다. 왜냐하면, 수녀원이 운영하는 학교나 병원에
오는 사람들은 대부분 상류층이었기 때문이었습니다.

인도는 '카스트'라는 신분 제도가 있어
계층 간의 차이가 매우 심했습니다.
상류층은 상상도 할 수 없을 만큼
부유했던 반면, 하류층은 비참하기
그지없는 삶을 살고 있었습니다.

자기가 가진 부를 가난한 사람들에게 나눠 주는 것은 거룩한 행동이에요.

마더 테레사! 가난한 사람이라면 어떤 사람을 말하는 거죠?

여러분 주변의 헐벗고 굶주린 사람들. 집도 없이 떠돌거나 병에 걸린 사람들 말이에요.

에엑!

카스트가 다른 사람과는 말조차 섞으면 안 돼요. 부모님이 아시면 학교에도 보내지 않을 거예요!

계급에 대한 차별이 내 예상을 넘어서는구나. 정말 순수하고 착한 소녀들인데도 계급을 뛰어넘는 걸 두려워하고 있어. 이 틀을 깰 수는 없을까?

까악!

제발, 이 아이를
받아 주세요!
그렇지 않으면
이 아이는 죽습니다.

수녀원에는 먹을 게
있잖아요!
제발 이 아이를…….

걱정 마세요.
이 아이를 저희가
구하겠습니다.

정말입니까?

감사합니다,
감사합니다!

마더 테레사, 안 돼요!
이 일이 소문 나면
가난한 사람들이 학교로
몰려올 거예요.

그럼 모두 우리가
받아들여야지요.

사랑에 대해 공부하면서
사랑할 기회를 외면한다면,
그야말로 위선이지요.
전 이 아이를 돌보는 길을
선택함으로써 하느님의
사랑을 더 깊이
알게 될 거라 믿어요.

마더 테레사!

그래, 이런 식으로
학생들에게 하나씩
신분의 벽을
깨뜨리게 하자.

마더 테레사는 교사로서 자질이 뛰어나요. 이참에 성 마리아 학교의 교장으로 학교를 관리해 보세요.

제가요? 하지만 전 아직 경험이 짧은걸요.

대신 누구보다도 인도어를 잘하시잖아요.

학생들도 잘 따르고요.

학교의 교장이 되어 학생들에게 봉사 정신을 가르쳐 보세요.

아!

1944년, 서른넷의 젊은 나이에 마더 테레사는 성 마리아 학교의 교장이 됐습니다. 마더 테레사는 이 소식을 고국에 있는 어머니에게 전했습니다.

엄마, 제가 교장이 됐어요. 학교 학생들도 저를 매우 잘 따라요. 앞으로 더욱 많은 일을 할 수 있을 것 같아요.

얼마 후, 고향에서 어머니에게 편지가 왔습니다. 그러나 편지 내용은 마더 테레사가 교장 선생님이 된 것을 축하하는 게 아니라, 오히려 걱정하는 내용으로 가득했습니다.

물질적인 도움보다도
네가 그들에게 더
가까이 다가서렴.
그것이 힘들고 어려운
사람들에게는 더
소중한 거란다.

난 교장으로서
학생들에게 가난한 사람과
나눌 것을 가르치고 있어.
그보다 더 중요한 일이
뭐가 있다는 걸까?

나도 내가 가진 것을
가난한 사람들과
나누…….

아니야! 그건 모두
수녀원의 것이었어.
난 진실로 내가 가진
것을 가난한 사람에게
준 적이 없어!

엄마, 고마워요.
말로만 떠들 게 아니라,
앞으로는 몸을 바쳐
어려운 사람을 돕도록
더 노력할게요.

마더 테레사가 사랑한 나라, 인도 2

인도의 지도

하나 인도의 분열

인도는 세계에서 일곱 번째로 큰 나라인 데다가 인구수 세계 1위의 대국입니다. 그러나 땅이 넓고 인구가 많아 잠재적 성장률이 높은데도 워낙 다양한 언어와 인종, 문화가 어우러져 있어서 발전이 저해되고 있습니다. 공식적으로 일곱 개의 종교, 325개의 언어, 4,000개가 넘는 독특한 공동체가 있어 열다섯 개의 언어로 화폐 금액이 표시될 정도입니다. 특히 심각한 것은 종교 간의 갈등입니다. 인도 북서부 지역은 이슬람교를 앞세운 아랍인들이 정복했던 지역입니다. 그래서 인도가 영국에서 독립하자마자 인도에서 분리되어 나라를 따로 세웠는데, 이 나라가 바로 현재의 파키스탄입니다. 파키스탄 역시 같은 이슬람교를 믿지만 인종 문제로 인해 동서로 분리되었는데, 이때 벵골인이 인구의 절대다수였던 동파키스탄은 방글라데시를 세웠습니다.

파키스탄의 국기

who? 지식사전

과거의 영광과 빈곤이 공존하는 도시, 콜카타

콜카타는 인도 벵골주의 대표 도시로, 캘커타로 불리다가 1999년에 전통 명칭인 콜카타로 개명했습니다. 콜카타는 뭄바이에 이은 인도 제2의 무역항이자 공업이 발달해서 영국 식민지 시대에는 임시 수도였던 부유한 도시였습니다. 그러나 1,000만 명에 이르는 인구 중 극빈자가 다수인 데다가 방글라데시로부터 난민들이 몰려와 실업, 인구 과잉, 빈곤 등 여러 가지 사회 문제가 생겼습니다. 벵골 지역을 덮친 흉년과 기아로 인해 마더 테레사가 활동했을 무렵에는 세상에서 가장 빈곤하고 비참한 도시가 되고 말았습니다.

콜카타 중심의 상업 지구 ⓒ Mjanich

둘 현재의 인도

인도는 영토가 넓은 만큼 각 주마다 기후와 인종이 달라
지역색이 매우 강합니다. 또한 법적으로 완화됐다고는
하지만 사람들의 인식엔 여전히 카스트 제도가 뿌리 깊이
박혀 있어 신분에 따른 차별이 매우 심합니다.
민주 국가이지만, 역대 수상 중 많은 수가 피살로 생을
마칠 정도로 매우 혼란스럽습니다. 소수인 이슬람교와
다수인 힌두교도 간의 무력 충돌이 자주 일어나고,
문맹률도 68%에 이를 정도로 매우 높아 소수의
지식층에 의해 진행되는 개혁에 한계를 보이고
있습니다. 이러한 복합적인 문제 때문에 인도는
경제 발전이 침체되면서 빈부 격차가 더욱 벌어지고
말았습니다.
그러나 미항공우주국(NASA) 연구원의 상당수가
인도인일 정도로 인도는 우수한 인력을 많이 가지고
있습니다. 또한 천연자원이 풍부하고 IT산업에서
강세를 보이는 등 최근 들어 경제 성장이 연간 약 8%에
이를 정도로 급속도로 성장하고 있습니다.

방글라데시의 국기

인도의 교통수단 중 하나인 인력거 ⓒ Axel Boldt

우리나라와 인도의 수교

인도는 6 · 25 전쟁 당시 의료 지원단을 포함해 8,000명의 병력을 파견한
참전국입니다.
한국과는 1962년에 총영사 관계를 맺은 이후 무역 협정을 통해 많은 교류가
이뤄지다가 1973년에 대사급 외교 관계로 승격하여 현재까지 돈독한 유대
관계를 맺고 있습니다.
우리나라는 인도에 휴대전화, 자동차 부품, 철강 제품 등을 수출하고 직물, 철광
등을 수입하는 등 경제적으로 밀접한 관계를 맺고 있습니다.

철광을 비롯한 다양한 분야에서 우리나라와 경제
적으로 밀접한 관계를 맺고 있는 인도

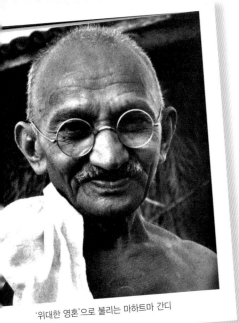

셋 인도를 대표하는 인물들

마하트마 간디(1869~1948년)

간디는 인도 민족 해방 지도자입니다. 부유한 상인 계급에
속했던 간디는 열여덟 살이 되자, 당시 인도를 식민 지배하던
영국으로 유학을 갑니다. 영국에서 변호사 자격증을 따고
남아프리카로 간 간디는 그곳에서 식민지 출신이란 이유로
많은 차별을 받는 인도인들을 보며 충격을 받아 인종
차별 반대 운동을 전개하기 시작합니다. 인도로 돌아온
후에는 비폭력 저항 운동을 펼치며 인도의 독립을 위해
노력합니다. 1947년, 간디의 노력으로 인도가 독립하지만,
이듬해 반이슬람주의자의 총에 맞아 사망합니다. 그의
비폭력, 무저항주의는 지금까지도 인류 역사에 남을
업적으로 평가받고 있습니다.

'위대한 영혼'으로 불리는 마하트마 간디

라빈드라나트 타고르(1861~1941년)

타고르는 인도를 대표하는 시인입니다. 열한 살 때부터
시를 쓰기 시작했던 타고르는 영국 유학을 다녀온
후, 종교에 대한 경외감을 표현한 시집《기탄잘리》를
발표합니다. 1913년 타고르는《기탄잘리》로
아시아인으로는 최초로 노벨 문학상을 받았습니다. 이후
세계 각국을 돌며 동서문화의 융합을 주장하며 교육에
헌신했습니다.

자와할랄 네루(1889~1964년)

네루는 마하트마 간디와 함께 인도 독립을 위해 투쟁한
지도자입니다. 최상위 계급인 브라만 출신이었던 네루는
영국 유학을 마치고 귀국한 후, 간디와 만나 인도의
현실에 대해 깨닫게 됩니다. 이후 간디를 도와 독립
운동을 펼친 네루는 인도가 독립하자 총리가 됩니다.
간디가 암살당한 후, 인도를 이끈 네루는 냉전이라는

마하트마 간디와 함께하고 있는 자와할랄 네루

국제 질서 속에서 중립과 평화를 유지할 것을 주장합니다.
이후 네루는 외교뿐만 아니라, 인도의 경제를 살리는
데에서도 성공을 거두어 인도인들의 존경을 받았습니다.

풀란 데비(1963~2001년)

풀란 데비는 천민 계급에서 태어나 숱한 고난을 겪은
여성입니다. 인도의 여성에 대한 차별과 하층 계급에 대한
상위 카스트들의 폭력을 견디다 못한 풀란 데비는 열아홉
살에 산적 두목이 되었고, '산적의 여왕'으로 불리며 차별에
반대하는 사회 운동을 합니다.
천민 계급의 차별 금지와 여성의 인권 회복을 조건으로 인도
정부에 자수한 풀란 데비는 11년 후 감옥에서 풀려났습니다.
하층민들의 지지를 받으며 하원 의원으로 당선되어 여성
정치인으로 활동하지만, 2001년 암살되고 맙니다.
풀란 데비의 극적인 삶은 영화 〈밴딧 퀸〉으로 만들어져서 전
세계에 그 이름이 알려졌고, 카스트 제도 반대 운동과 인도
여성 인권 회복 운동을 한 인도 민중의 영웅으로 기억되고
있습니다.

극적인 삶을 살았던 인도의 민중 영웅,
풀란 데비 ⓒ Bqselvam

who? 지식사전

우리나라와 타고르의 인연

인도의 시인 타고르는 우리나라를 소재로 시를 쓰기도 했습니다. 1929년, 일본을
방문했던 타고르는 당시 인도처럼 강대국의 식민지였던 우리나라의 처지에 동질감을
느꼈습니다. 타고르는 우리나라를 방문하지 못한 미안함을 대신하여 〈동방의
등불〉이라는 시를 동아일보에 기고했습니다.
타고르의 시는 3·1 운동 이후 실의에 빠져 있던 한국인들에게 큰 감동과 함께
자부심을 주었습니다. 우리나라를 '고요한 아침의 나라'라고도 하는데, 타고르가
〈동방의 등불〉에서 우리나라를 표현한 것에서 유래합니다.

라빈드라나트 타고르

5 기차에서의 깨달음

교장이 된 후 마더 테레사는 학생들에게 선한 일을 할 것과 가난한 사람과의 나눔에 대해 가르쳤습니다.

저기로 가면 빈민가다. 이 아이들과 함께 저곳으로 가 봉사를 할 수 있다면 얼마나 좋을까? 하지만 그랬다간……

그러나 생각과 달리 마더 테레사는 단 한 번도 빈민가를 방문해 보지 못했습니다. 상류층의 자제들인 학생들의 안전과 학부모의 반대, 수녀원의 행동 방침 같은 여러 가지 이유 때문이었습니다.

감히 우리 브라만 계급의 아이를 신조차 외면한 *불가촉천민들이 사는 곳에 데려가겠다고요?

그런 불경한 짓을 했다간 수녀원에 대한 지원을 끊겠소!

*불가촉천민: 접촉할 수 없는 천민. 카스트 계급에 속하지 않는 가장 낮은 신분의 사람들을 통틀어 이르는 말

고통받는 빈민가 사람들보다 아쉬울 것 하나 없는 상류층 제자들만 걱정하다니……. 나도 이미 계급에 물들어 있었단 말인가?

난 진짜 비참함을 경험해 보지 못했어! 어느새 수녀원 생활에 익숙해진 거야!

그러던 어느 날, 마더 테레사와 수녀님들이 봉사하러 가는 길에 병원 앞에 쓰러져 있는 사람을 발견했습니다.

사람이 쓰러져 있어!

극심한 영양실조예요. 입원시켜야 합니다. 물론, 치료비는 있겠죠?

치료비는 나중에 드릴게요. 치료부터 해 주세요.

당장에라도 숨이 끊어질 지경이라고요.

아무리 수녀님 부탁이라도 치료비가 없으면 치료해 드릴 수 없습니다.

학교 응급실로라도 옮겨야겠어요.

교장 선생님, 할머니가 숨을 안 쉬어요!

안 돼!

이럴 수는 없어!

인도는 1942년과 1943년에 연달아 기근이 닥쳐 수십만 명의 사람이 거리에서 굶어 죽었습니다. 그러나 당시 유럽은 제2차 세계 대전 중이어서 인도를 원조할 여력이 없었습니다.

이렇게 수녀원에 틀어박혀서는 빈민가의 참상을 깨달을 수가 없어.

배가 고프면 식사를 하고, 병이 나면 약을 먹는 것은 내게 일상이었어.

마더 테레사, 어디 아프세요?

하지만 저 거리 밖의 사람들은 나에겐 일상인 일조차 누리지 못해 죽어 가고 있어.

현실을 바꾸고 싶어! 그런데 어떻게 하지? 무엇으로?

아무 능력도 없는 내가 무엇을 할 수 있겠어! 난 너무 미약해!

마더 테레사는 수녀원을 벗어나 자유롭게 가난한 사람들을 도우며 살고 싶었습니다. 하지만 당시의 엄격한 가톨릭 체제에서는 봉사 목적의 새로운 수도회를 만들지 않는 이상 수녀원을 떠나 봉사하는 것은 불가능한 일이었습니다.

기차에서의 깨달음 **111**

저는 가난한 사람의 어려움을
눈치채지 못했습니다.
가난한 사람을 외면하고
부유한 사람을 걱정했습니다.

*고해 성사를
했더니,
한결 마음이
밝아졌어요.

1944년 7월, 마더 테레사는 이슬람교도
전문가인 판 엑셈 신부와 만났습니다.
판 엑셈 신부는 콜카타에서 이슬람교도와
어울려 지냈습니다.

교장이라고
하기에는 너무
젊으시군요. 경험이
적으니, 힘든 일도
많았겠어요.

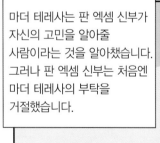

마더 테레사는 판 엑셈 신부가
자신의 고민을 알아줄
사람이라는 것을 알아챘습니다.
그러나 판 엑셈 신부는 처음엔
마더 테레사의 부탁을
거절했습니다.

신부님, 부탁이 있어요.
앞으로도 절 영적으로
지도해
주시겠어요?

원래 성직자 사회는
남녀가 할 일이
명확히 구분되어
있는 데다가······.

*고해 성사: 가톨릭 신자가 자신이 지은 죄를 신부를 통해 하느님에게 고백하여 용서받는 일

전 이 지역의 이슬람교도 문제만으로도 벅차서 말이지요.

신부님은 분명히 제 영적 지도자가 되어 올바른 길로 이끌어 주실 거예요!

신부님과 만났다는 것 자체가 하느님의 뜻이니까요!

이렇게 필사적인 수녀는 본 적이 없어! 무슨 사연이 있는 걸까?

처음엔 부담을 느껴 망설이던 판 엑셈 신부도 마더 테레사와 얘기를 나누면서 점점 그 열정에 탄복하기 시작했습니다.

수많은 수녀님을 봐 왔지만, 이토록 열정이 넘치는 수녀님은 처음이군.

가난한 사람들에게로 들어가고 싶다고요? 단지 그것으로 끝?

네……

으하하하!

마더 테레사, 성격이 급하고 고집이 센 편이죠? 그리고 홀로 빈민가를 찾아가 본 적도 없지요?

신부님 말씀이 옳아요. 빈곤한 사람들이 모여 사는 곳을 지나가기만 했지, 진짜 비참한 지역엔 못 가 봤어요.

우선은 시간을 두고 목표를 정해 할 수 있는 것부터 찾아보세요.

네, 알겠어요.

일시적으로 다른 수도회에서 일해 보는 것도 좋지요.

지금의 수도회들은 가톨릭을 믿어야만 치료를 받을 수 있잖아요.

전 종교나 신분에 상관없이 아픈 사람 누구나 치료받게 해 주고 싶어요.

아무래도 선교를 위한 치료이다 보니, 목적과 수단이 애매한 경우가 있지요.

판 엑셈 신부에게 조언을 듣긴 했지만, 마더 테레사는 아직도 무엇을 어떻게 해야 할지 방법을 찾지 못하고 있었습니다.

교장 선생님, 콜카타에서 폭동이 일어났대요!

뭐라고요?

1946년 8월, 콜카타에서 이슬람교도와 힌두교도 사이에 충돌이 일어났습니다.
거리에는 죽은 사람이 즐비했고, 식량 보급이 안 돼서 학교 운영도 어려워졌습니다.

거리가 위험해서
학생들을 며칠째 집으로
귀가시키지 못했어요.

제가
해결하겠습니다.

아무도 없나요?

문 좀
열어 주세요!

꺄악!

수녀님, 여기서 뭐 하시는 겁니까? 폭도로 오인해 총에 맞을 뻔하셨어요!

병사, 수녀님을 학교까지 모시도록!

잠깐만요!

그럴 수 없어요! 학생들이 굶고 있다고요!

사람들이 모두 피신해서 가게 안이 텅텅 비었어요.

군인들은 마더 테레사가 목숨을 걸고 식량을 구하려고 거리를 돌아다니는 정성에 감동해 수녀원으로 식량을 보내 주었습니다.

남아 있는 사람이 있을지도 몰라요!

수녀님도 참 대단하시군요. 좋습니다. 우리 식량을 나눠 드리지요.

만약 내게 약과 의료 기술이 있다면 저들을 치료해 줄 텐데……

견습 수녀 시절에
그런 걸 배웠다면
얼마나 좋았을까?

그럼 일손이 모자라
살 수 있는 환자들을
포기하는 일도
없었겠지?

결국, 폭동 때문에 학교는 임시로 문을 닫았습니다. 수녀원에서는 실의에 빠진
마더 테레사를 위해 마음의 평안을 얻으라며 기도 기간인 피정을
주었습니다. 마더 테레사는 기도를 통해 마음을 추스르려고 다르질링의
수녀원으로 향했습니다.

마음이 무거워.
거리엔 죽어 가는 사람이
즐비한데 난 마음의 안정을
얻으려고 휴가를
가다니……

《성경》을 읽으며
잡념을 떨쳐
버리자.

마더 테레사가 읽은 대목은 가난하고 비천한
사람으로 변장한 하느님이 지상을 돌아다닐 때,
하느님을 돌보고 보살펴 준 사람들에 관한
이야기였습니다. 하느님은 아무 대가도 바라지
않고 '가장 보잘것없는 사람'을 위해
친절을 베푼 사람들을 축복해 주었습니다.

"너희 형제 중에 가장
보잘것없는 사람에게
한 것이 내게 해 준
것이다."

평소 외우다시피 한
대목이었지만, 콜카타 폭동의
참상을 본 직후라서 그런지,
그 내용은 마더 테레사의
마음에 더 깊이 박혔습니다.

수녀원에 있는 한,
난 가난한 사람에게
다가갈 수가 없어.

내가 입는 것,
먹는 것, 사용하는 것
모두를 수녀원에서
받고 있기 때문이야.

가난한 사람에게
다가가기 위해서는
내 모든 것을
버려야 해.

이것은 내가 수녀원을
떠나야 한다는 것을
의미해. 그런데 신께 한
맹세는 어쩌지?

난 못 해. 수녀원은 내 인생 그 자체야. 그걸 포기할 수는 없어.

내가 지금 무슨 생각을 하고 있었지?

난 수녀가 되기 위해 가족들 곁을 떠났어! 가난한 사람들을 위해서 수녀원을 떠나지 말란 법도 없잖아?

그래, 더 이상 고민하지 말자. 난 가야만 해!

1946년 9월 10일, 마더 테레사는 기차 안에서 《성경》을 읽던 중 영감을 얻어 새로운 선교회를 만들 것을 결심했습니다.

신부님!

마더 테레사, 다르질링에서 벌써 돌아오셨습니까?

전 수녀원을 떠나서 빈민가를 터전으로 삼고 살겠습니다!

마더 테레사, 지금 그게 무슨 뜻인지나 알고 하는 말입니까?

수녀원을 떠난다는 것은 당신을 지켜 주던 보호막이 사라진다는 뜻입니다!

그래도 좋아요! 하지만……

수녀원에서는 일개 수녀가 홀로 지내는 것을 허락하지 않겠죠. 둘 중 하나를 선택하라면 전 당연히 비참한 사람들 곁을 택하겠어요!

마더 테레사는 확신이 선 일은 꼭 이루어 내고야 마는 의지가 있다. 말리기엔 너무 늦었어……

그래서 구체적인 계획은 세웠나요?

수녀원을 나가 선교 봉사회를 만들 거예요.

선교회를 새로 만드는 게 얼마나 힘든지 아세요? 절차와 기간, 인원과 비용은요?

잘 모르겠어요. 그러니 신부님께서 가르쳐 주세요!

이건 내가 조언할 사안이 아닙니다. 먼저 윗분들과 상의해 보세요.

마더 테레사는 수녀 총장과 페리에르 대주교에게 자기 의견을 밝혔습니다.

마더 테레사, 절대 안 됩니다!

제2차 세계 대전이 끝난 지 이제 겨우 1년입니다. 전 세계에서 구호 요청을 원하는 지금, 새로운 선교 단체를 만들 여지가 없습니다.

저 혼자 하겠다는데도요?

아무것도 필요 없어요. 수녀원을 떠나 봉사할 수 있게 허락만 해 주세요.

바로 그게 문제라는 겁니다.

인도인들은 아직도 우리의 선교 방식을 못마땅해하고 있어요.

그런데 수녀가 빈민가까지 들어가 활동하겠다고요?

그럼 가뜩이나 인종과 종교 문제에 심각한 인도 사람들을 자극할 겁니다.

인도는 오랫동안 영국의 식민 지배를 받았습니다. 그래서 인도 사람들은 마더 테레사 같은 유럽인 선교사들을 달갑게 보지 않았고, 1946년에는 아예 법으로 가톨릭의 선교 활동을 제한해 버렸습니다.

'성 안나의 딸들'이라는 수도회가 이미 빈민가에서 활동하고 있어요.

원한다면 그곳 수도회에 들어갈 수 있도록 할게요.

제가 만들고 싶은 선교 단체는 조금 달라요. 그러니까……

난 마더 테레사가 선교회를 만들 수 없는 이유를 몇 가지라도 들 수 있어요.

마더 테레사,
머리 좀 식히고 나중에
다시 얘기합시다.

오늘은 이만
물러나겠습니다.
하지만 제가
틀렸다고는
생각하지 않아요.

대주교님!

마더 테레사의
말에도 일리는
있습니다.

현실이 여의치
않은 걸까요, 아니면
우리가 용기를 내지
못하는 걸까요?

우리가 나서서
돕고 싶어도
도울 수 없는 거군요.

당시 가톨릭 체제는 매우
엄격했습니다. 수녀들로 이루어진
수녀원은 대주교의 통제 속에
있었습니다. 아무리 좋은 취지의
선교나 봉사라고 해도 교황청에서
허락이 떨어지지 않으면 수녀들은
담당 구역을 벗어날 수조차
없었습니다.

다른 건 내가 허락한다 해도
선교회 설립만은 교황청의
허가를 받아야 합니다.
일개 수녀가 꽉 잠긴 기존의
틀을 깨기는 어려울 겁니다.

마더 테레사는 새로운 선교회를 만들겠다는 계획을 포기할 뻔했습니다. 하지만 기도를 통해 의지와 용기를 얻던 어머니의 굳센 기질을 마더 테레사는 그대로 물려받았습니다.

엄마, 어렸을 때처럼 제게 용기와 의지를 나눠 주세요!

예배당에서 기도를 하면 할수록 수녀원을 떠나 새로운 선교회를 만들겠다는 마더 테레사의 결심은 더욱 확고해졌습니다.

엄마는 나보다 더한 고생도 감수하셨어. 이 정도로 물러서지 않겠어.

마더 테레사, 손님이 오셨어요!

손님?

마더 테레사, 여기입니다.

판 엑셈 신부님!

대주교님을 상당히 난처하게 하셨다고요?

소문이 났나요?

새로운 선교회를 세우겠다는 결심은 변하지 않았는지요?

절대로요!

제가 말한 대로죠?

과연! 의지의 화신이 따로 없군요.

근데, 누구세요?

마더 테레사께 큰 힘이 되어 줄 사람입니다.

헨리 신부입니다.

헨리 신부님은 빈민가에서 일한 경험이 많으세요.

빈민가라고요?

마더 테레사, 다시 대주교님을 설득해 보시겠습니까?

이번엔 저희도 돕겠습니다.

정말 감사합니다.

전 빈민가를 잘 압니다. 기존의 봉사 활동만으로는 한계가 있어요.

물론, 전 마더 테레사께서 만들 선교회가 어떤 건지는 아직 잘 모릅니다.

하지만 여태껏 그런 생각을 행동으로 옮긴 수녀님도 없었지요.

그래서 수녀님을 돕기로 했습니다.

헨리 신부님!

정말 고맙습니다. 흑흑흑.

마더 테레사!

마더 테레사에게 눈물은 어울리지 않습니다.

맞아요. 눈물은 좌절할 때나 흘리는 것이죠.

처음엔 선교회 설립에 회의적이었던 판 엑셈 신부가 적극적으로 나섰습니다. 헨리 신부마저 가세하자 마더 테레사는 혼자가 아니라는 사실에 용기를 얻고 다시금 의지를 불태웠습니다.

그럼 다시 대주교님과 담판을 지어 볼까요?

오, 무섭습니다!

소외된 사람들의 친구, 자선 단체

하나   세이브 더 칠드런(Save the Children)

세이브 더 칠드런은 '어린이는 자신이 처한 어떠한 환경과 상관없이 모두 고귀한 생명을 존중받을 권리가 있으며, 모든 질병으로부터 보호받아야 하고, 건강한 삶을 누릴 권리가 있다'는 설립 이념을 바탕으로, 전 세계 아이들을 위한 활동을 펼치는 비영리 단체입니다.

모기로 인한 전염병을 예방하기 위해 모기망을 지원하는 세이브 더 칠드런 ⓒ Julien Harneis

1919년 영국에서 설립된 세이브 더 칠드런은 기초적인 생존권을 넘어 아동이 누려야 할 보호권, 발달권에 근거해 정부 복지 체계가 미치지 않는 곳이나 상대적 빈곤을 겪는 아동들을 포괄적으로 지원합니다.

설립 당시에는 식량 지원에 관한 일을 했으나, 제1차 세계 대전이 끝나고 국제 아동 보호 협회가 설립된 이후 아동 복지를 위한 일에 힘을 쏟고 있습니다. 현재는 빈곤층 아동들에게 교육, 보건, 경제적 지원을 통해 아동의 권리를 보호하면서 사회적인 변화를 이끌기 위해 노력하고 있으며, 국가 간의 전쟁이나 재난 등으로 인해 난민이 발생할 경우 응급구호팀을 파견하기도 합니다.

자선 단체들은 어려운 여건의 아이들이 교육받을 수 있도록 돕는 일도 합니다. ⓒ DFID – UK Department for International Development

세이브 더 칠드런은 현재 120여 개국에서 활동하고 있으며, 우리나라에서는 1953년에 설립됐습니다. 현재 지역별로 운영되고 있으며, 다문화 가정 아동을 위한 지원사업과 낙후된 개발 도상국의 선천성 심장병 아동의 치료를 위한 해외 의료 사업, 식량난을 겪고 있는 북한 아동을 위한 대북 지원 사업 등을 병행하고 있습니다.

월드비전(World Vision)

월드비전은 1950년 6·25 전쟁 때 한국에 와 있던 미국인 선교사 밥 피어스 목사가 기아에 허덕이는 한국의 고아와 과부들을 돕고자 미국에서 설립한 자선 단체입니다.

인천에 상륙 중인 유엔군 ⓒ US Navy

월드비전을 설립한 밥 피어스

설립 당시에는 한국이나 인도 같은 아시아의 가난한 나라에서 구호 사업을 지원하다가 1970년대부터 국제적인 활동을 하면서 전 세계에 알려지기 시작했습니다.

처음 월드비전은 어린이 각자에게 교육과 건강 관리, 직업 훈련 등을 직접 지원해 자립할 수 있도록 도왔지만, 1980년대 이후에는 그 활동을 넓혀 어린이가 사는 지역 자체를 발전시켜 아동 복지를 실현시키는 방향으로 전환했습니다. 월드비전은 현재 전 세계 100여 개 국가에서 활동하는 세계 최대의 기독교 비영리 단체이며 170여만 명에 이르는 사람들을 돌보고 있습니다.

워싱턴에 있는 월드비전 본부 건물 ⓒ Bluerasberry

who? 지식사전

6·25 전쟁

6·25 전쟁은 1950년 6월 25일, 북한 공산군의 침략으로 발생한 국제 전쟁입니다. 이 전쟁은 소련의 힘을 업은 북한의 무력 침공이었는데, 예상과 달리 미국을 비롯한 유엔군이 전쟁에 빨리 참여하면서 국제 전쟁으로 발전했습니다.

이 전쟁으로 군인과 민간인 수백만 명이 사망했으며, 천만 명에 이르는 이산가족이 발생했습니다. 그렇게 3년간 계속된 전쟁은 1953년 7월 27일 북한, 중국, 유엔 3자에 의해 군사 정전 협정이 체결되면서 마무리되었습니다. 그러나 아직 종전은 선포되지 않았으며, 긴장된 휴전 상태가 지금까지 이어져 오고 있습니다.

국경 없는 의사회의 로고

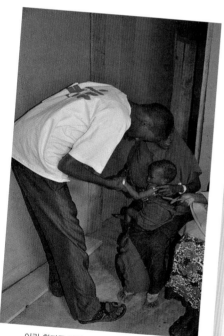

어린 환자를 진찰하는 국경 없는 의사회 소속 의사
© UK Department for international

셋 국경 없는 의사회(Doctors Without Borders)

국경 없는 의사회는 전쟁, 기아, 질병, 자연재해 등으로
고통받는 사람들을 돕기 위해 설립된 국제 민간 의료 구호
단체로, 1971년 파리에서 '중립, 공평, 자유'의 3대 원칙과
'정치, 종교, 경제적 권력으로부터의 자유'를 내세우며 처음
설립됐습니다.

1972년 대지진으로 발생한 니콰라과 공화국의 난민을 돕기
위해 첫 구호 활동을 시작한 국경 없는 의사회는 이후
베트남 전쟁, 걸프 전쟁, 르완다 내전 같은 전쟁 현장에 가서
난민 캠프를 설치해 수많은 난민을 구조했습니다. 국경 없는
의사회는 이렇게 인종과 정치, 종교를 떠나 난민이 발생하는
곳이면 어디든 가서 구호 활동을 펼쳤습니다.

스위스 제네바에 본부를 두고 세계 20여 개국에 사무소를
둔 세계 최대의 비군사 긴급 의료 구호 단체인 국경 없는
의사회는, 1999년에 인도주의를 실천하고 대중에게 봉사
활동의 의미와 가치를 알린 공로를 인정받아 노벨 평화상을
받았습니다.

국경 없는 의사회의 한국 지부는 2002년에 설립됐고, 이후
탈북자들을 위한 심리 상담과 의료 지원 활동을 벌이고
있습니다.

넷 유니세프(UNICEF)

유니세프는 전쟁 피해 지역이나 저개발국의 아동 구호와
복지 향상을 목적으로 설립된 유엔(국제 연합) 산하의
특별 기구입니다. 1946년 12월 처음 설립된 이후 '차별
없는 구호' 정신에 따라 국적, 종교, 인종, 성별과 상관없이
도움이 필요한 아동이 있는 곳이면 어디든 가서 도움을 주고
있습니다.

유니세프에서는 영양 개선, 보건, 예방 접종 같은 의료
활동뿐만 아니라, 환경 개선과 기초 교육까지 매우
폭넓은 분야에서 활동하고 있습니다. 유니세프는 이러한
아동의 생활 개선에 기여한 공을 인정받아 1965년에 노벨
평화상을 받았습니다.

유니세프는 뉴욕과 제네바에 각각 본부를 두고 190여 개
나라에서 어린이 보호 프로그램을 진행하고 있습니다.
유니세프는 1948년부터 우리나라 어린이를 지원해
왔습니다. 6 · 25 전쟁이 발발하자 고통받는 우리나라
어린이들을 위해 대대적인 긴급 구호 활동을
시작하였으며, 1950년부터 1993년까지 유니세프가
우리나라에 지원한 총금액은 약 2,300만 달러에 달했습니다.
하지만 1994년 유니세프 한국위원회가 출범함으로써
우리나라는 유니세프의 도움을 받던 수혜국의 입장에서
도움을 주는 공여국의 입장으로 탈바꿈했으며, 주된 임무도
우리나라의 빈민 아동 구호에서 개발 도상국의 어린이
지원으로 바뀌었습니다.

유니세프 기

다섯　유엔 난민 기구(UNHCR)

유엔 난민 기구는 난민의 보호와 난민 문제 해결을
위해 1949년 유엔 총회에서 창설된 국제 난민 보호
기구입니다. 유엔 난민 기구는 전 세계의 난민 지역을
찾아가 긴급 구호 물품 지원, 쉼터 제공, 질병 관리는
물론이고 이산가족을 방지하기 위한 신원 확인 및
등록과 안전한 곳으로의 이주 등을 지원하고 있습니다.
유엔 난민 기구는 110개가 넘는 나라에서 6,500여 명에
이르는 직원이 3,440만 명에 달하는 난민을 보살피고
있습니다. 이 공로를 인정받아 유엔 난민 기구는
1953년과 1981년 두 차례 노벨 평화상을 받았습니다.

유엔 난민 기구 기

6 사랑의 선교 수녀회

대주교님, 지금과 같은 평범한 봉사와 선교 활동은 이미 한계에 도달했습니다.

가난한 사람들의 생활 속에 파고들어가지 않고서는 그들을 이해할 수 없어요.

그럼 그렇게 하세요.

네? 방금 뭐라고 하셨죠?

그러니까 일단 시험 삼아 해 보도록 하세요.

사실 나도 지금까지의 선교와 봉사 활동엔 문제가 있다는 것을 알고 있습니다.

몇 년 전, 난 주교 회의에서 우리가 먼저 인도인의 생활 방식에 적응해야 한다고 주장했습니다.

주교님이 나와 같은 생각을 하고 계셨을 줄이야!

하지만 경직된 종교계는 수백 년 동안 해 오던 것처럼 우리 방식을 타종교 사람들이 따르게 해야 한다고 강조했어요.

당시 인도나 중국 등 현지에서 활동하는 가톨릭 선교사들은 그 지역의 관습을 이해하고 그들이 반발심을 가지지 않는 범위 안에서 융통성 있게 선교하자고 주장했습니다.

난 지금도 문화를 바꾸기보다는 도덕적 의미에 한해서만 우리 종교를 드러내는 게 옳다고 생각합니다.

그러나 교황청은 오랫동안 지켜 온 방식을 한순간에 바꿀 수 없다며 제사 의식 같은 지역 특유의 관습까지도 가톨릭식으로 바꾸도록 설득하게 했습니다. 그래서 현지인들의 반발을 많이 샀습니다.

마더 테레사 당신이라면 종교계에 새로운 바람을 일으킬 수 있을 겁니다.

하지만 교황청은 더 이상 여자 수도회가 늘어나는 것을 원하지 않습니다.

그러니 빈민가의 '성 안나의 딸들' 수도회에서 1년 동안 경험을 쌓으세요!

그곳에서 기존의 수도회에서 할 수 없는 일을 자매님이 할 수 있다는 사실을 입증해 보세요.

감사합니다, 대주교님!

마더 테레사는 빈민가에서 경험을 쌓았습니다. 하지만 여기서 만족하지 않았습니다.

하느님께서는 제가 이곳에 있는 걸 원하지 않으실 거예요.

이보다 더 가난하고 비참한 사람들 속에 제가 있어야 해요!

그 열의 잊지 마세요, 마더 테레사.

'성 안나의 딸들' 수도회에서 봉사하고 있을 무렵, 페리에르 대주교가 마더 테레사를 불러 조언했습니다.

수녀원을 떠나는 것은 가톨릭을 부정하는 것과 마찬가지입니다.

알고 있습니다. 가족을 떠나는 일보다도 힘든 일이라는 걸요.

한 가지 조언을 드리지요. 교황께 직접 편지를 쓰세요.

네?

마더 테레사는 조언대로 편지를 썼고,
페리에르 대주교는 그 편지를
교황 비오 12세에게 보냈습니다.

얼마 후,

대주교님,
전 이렇게 편안한
곳에서 다과를 즐길
시간이 없습니다.

제 손길을
필요로 하는
환자가 많아요.

오늘은 특별한
날이니, 이 정도의 여유는
받아들이도록 합시다.

특별한
날이라니요?

교황청에서
소식이 왔습니다.

1년 기한이긴 하지만,
로레토 수녀원을 떠나
원하는 곳으로 가서
봉사하라는 허락이
떨어졌습니다.

오, 할렐루야!

교황청에서는 1년이라는 조건을 달았습니다. 하지만 그 후의 기간 연장은 교황청이 아닌 페리에르 대주교의 소관이었기에 마더 테레사의 의지가 꺾이지 않는다면, 계속 가난한 사람들 속에서 일할 수 있게 된 것입니다.

감사합니다.

수녀가 수녀원을 떠난다는 것은 일찍이 전례가 없던 일입니다.

마더 테레사, 한 번 닫힌 수녀원의 문은 다시는 열리지 않을 겁니다.

마더 테레사는 제2의 고향이자 안식처였던 로레토 수녀원을 떠나는 것이 매우 마음 아팠고 두렵기도 했습니다.

100년 전
원장 수녀라면
이렇게 말했겠지요.

네?

이곳은 언제나
당신의 집입니다.
힘들 땐 언제라도
돌아오세요.

로레토 수녀원은 언제나
문을 열고 마더 테레사를
반길 것입니다. 우리가
마음속으로 응원한다는 걸
기억하세요.

원장 수녀님!

그리고 8월 16일. 마더 테레사가
로레토 수녀원을 떠나는 이날은
*성모 승천 대축일로, 새 출발을
하는 마더 테레사에겐 매우
뜻깊은 날이기도 했습니다.

*성모 승천 대축일: 성모 마리아가 승천한 것을 기념하는 날로 가톨릭의 큰 행사일 중 하나

이제 난 모든 것을 버리고 가난한 사람들 속으로 걸어 들어간다.

마더 테레사, 준비됐나요?

네! 곧 나갈게요.

자매님들, 우리의 가냘픈 자매가 지금부터 어려운 길을 떠나려고 합니다.

우리 모두 용기를 잃지 않도록 격려해 줍시다.

이제 나오는군! 자, 모두 준비하죠.

흰색 옷은 인도에서 가장 가난한 사람들이 입는 색깔이었습니다. 더구나 파란 줄무늬가 들어간 옷은 오물을 치우는 가장 천한 청소부들이나 입는 옷이었습니다. 하지만 마더 테레사는 오히려 이런 옷이야말로 가난한 사람을 돕는 데 어울리는 옷이라고 생각했습니다.

전 다른 뜻으로 해석해요. 흰색은 거룩한 색이고, 파란 줄무늬는 성모 마리아님의 소박함을 뜻해요. 가슴에 달린 나무 십자가는 하느님과 제 사랑을 뜻합니다.

이 샌들은 제가 자유 의지로 그들 곁으로 간다는 것을 의미하지요.

마더 테레사!

이후 이러한 차림은 마더 테레사의 상징이 됐습니다. 그래서 훗날 '사랑의 선교 수녀회'가 만들어졌을 때, 이 복장은 수녀들의 공식 복장이 되었습니다.

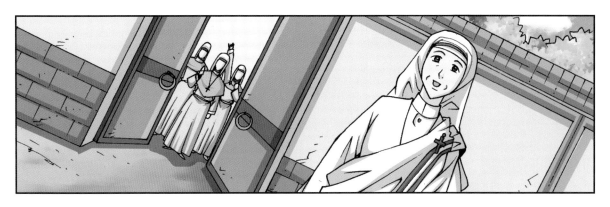

아무리 각오했다고는 해도 수녀원을 떠나는 것은 매우 힘든 일이었습니다. 마더 테레사에게 로레토 수녀원은 인생의 반 이상을 지낸, 고향과도 같은 곳이었기 때문이었습니다.

으흑!

울면 안 돼! 내가 선택한 일이야. 후회하지 않아.

자, 드디어 새로운 세상을 향해 걸어가는 거야!

마더 테레사는 먼저 메디컬 출산 수녀원으로 가서 병자를 보살피고 출산을 도우며 간단한 의료 기술과 응급 처치법을 배웠습니다.

그 후, 마더 테레사는 의사나 간호사들마저 꺼리는 곳으로 가기로 결심했습니다.

콜레라 같은 질병을 앓고 있는 사람들에게로 가야겠어요. 제 도움이 더 필요한 곳으로요.

마더 테레사는 판 엑셈 신부가 알려 준 대로 '가난한 사람들을 위한 작은 자매들'이라는 수도회가 있는 곳으로 갔습니다. 1839년에 설립된 이 수도회는 가난한 삶을 맹세했기에 모든 것을 원조를 통해 해결했습니다.

근처에 학교를 세우고 싶어요. 위생에 대해 알려 주고, 아이들에게 글도 가르치겠어요.

적당한 곳이 있기는 합니다.

모티즈힐은 시궁창이나 다름없는 지역이었습니다. 구정물과 악취, 질병, 가난, 무지 등 마더 테레사가 상상하지 못했던 비참함이 가득했습니다.

여기는 어떨는지요. 모티즈힐이에요.

모티즈힐? 내가 봉사를 시작하기에 가장 적합한 곳이에요!

모티즈힐에 사는 많은 불가촉천민은 인간 대접을 받지 못했습니다. 가축이 마시는 더러운 물조차도 불가촉천민은 불결하다 하여 마시지 못하게 했습니다.

다른 곳으로 가서 마셔!

밥을 줄 때조차도 그릇에 담지 않고 땅에 흩뿌려 줄 정도였습니다.

너희는 가축보다 못한 존재이니까.

이 사람들에게는 살아 있는 자체가 지옥이야. 나라도 인간 대접을 하자.

수녀님, 그러다가 주위 사람들에게 따돌림당합니다!

상관없어요! 난 이들과 함께 살 겁니다.

마더 테레사는 아이들 몸을 씻겨 주고 땅바닥을 칠판 삼아 글을 가르쳤습니다. 지치지도 않고 더러운 곳을 헤매며 사람들을 돕는 마더 테레사의 열정은 주변 사람들을 감동시켰습니다. 마더 테레사의 학교에는 하루가 다르게 아이들이 모이기 시작했습니다.

이건 A, 이건 B······.

인도 사람들의 인식도 달라졌습니다. 인근 마을 사람들이 칠판, 분필, 의자, 책상 등 학교에 필요한 것들을 가져왔습니다. 마더 테레사의 학교는 초라하긴 했지만, 학생들이 늘어나 두 번째 학교를 세워야 할 정도가 되었습니다.

아하하, 학교라기보다는 보육원에 더 가깝군요.

물론 힘들 때도 있었습니다. 끊임없이 찾아오는 병자와 도움을 필요로 하는 사람들 앞에서 마더 테레사는 자신의 무력함을 느꼈습니다.

수녀님, 우리 아이가 이상해요. 도와주세요!

어서 이리로!

이미 죽었어요.

뭐라고요?

미안해하지 마세요. 죄가 있다면 가난하게 태어난 우리 잘못이지요.

아이야, 미안하다!

너무나 비참해서
눈물조차 흘릴 수 없게
된 저들을 지켜보는 게
너무 가슴 아파.

사람들이 죽는 모습,
이젠 지겨워.
나 혼자서는 저들을
구할 수 없어.

로레토 수녀원으로
돌아가면 다시는 이런
비참한 모습을 보지
않겠지? 고향에 계신
엄마는 뭐라고 하실까?
날 위로해 주실까,
아니면 꾸짖으실까?

내가 무슨 생각을
하는 거지?
고작 이것도 못
참느냐며 엄마가
비웃을 거야!

그래, 힘을 내자.
약해지면 안 돼!

이만한 일로
포기한다면,
마더 테레사가
아니지!

수녀님, 손님이
찾아왔어요.

손님?

찾아온 손님은 바로 마더 테레사의
학생이었던 수바시니 다스였습니다.
수바시니는 상류층이었지만, 마더 테레사를
돕기 위해 비싼 사리를 벗어 버리고 허름한
옷차림으로 봉사 활동에 참여했습니다.

수바시니
다스!

마더 테레사!

수바시니는 훗날 수녀가 되고 마더 테레사의 어릴 적 이름인
아녜스를 새 이름으로 받았습니다. 그 후 아녜스 수녀는
마더 테레사가 암으로 임종할 때까지 그 곁을 지켰습니다.

예전 학교에서 가르친 학생이나
동료 수녀들, 그뿐 아니라 어떻게 알았는지
해외에서 소문을 듣고 봉사자들이
찾아왔습니다. 그러자 인도 정부에서도
마더 테레사의 활동에 관심을 보였습니다.

이렇게 봉사자들이
많은데도 일은 전혀
줄어들지 않는구나.

관습 때문에 우리도
도울 수 없던 불가촉천민을
마더 테레사가
돕고 있어요.

그분은 스스로를
인도인이라
여긴다지요? 우리도
마더 테레사를 최대한
도와야 합니다.

앞으로 마더
테레사의 일은
최우선으로
지원하도록!

넵!

처음엔 마더 테레사를 외국인 침략자라고 욕하는 사람들도 있었습니다. 하지만 마더 테레사는 전혀 아랑곳하지 않고 빈민가를 돌며 봉사했습니다.

신경 쓰지 않으니 마음 놓고 욕하셔도 돼요.

우리가 뭐 잘한 게 있어야 욕을 하죠.

그동안 욕했던 저 자신이 부끄럽군요.

이윽고 마더 테레사가 로레토 수녀원을 떠난 지 1년이 되었습니다.

마더 테레사!

교황 비오 12세께서 '사랑의 선교 수녀회'를 정식 수도회로 승인하셨어요!

할렐루야! 이게 진정 꿈은 아니겠지요?

이제 아무 걱정 말고 열심히 가난한 사람들을 도우십시오!

사실 마더 테레사는 선교회에 특별한 이름을 붙이지 않았습니다. 자연스레 사람들이 모이고 사랑으로 봉사하다 보니, 사람들이 '사랑의 선교 수녀회'라고 부르기 시작했고, 그것이 어느새 마더 테레사의 선교회를 지칭하는 공식적인 이름이 되었습니다.

1950년 12월, 마더 테레사는 정식으로 사랑의 선교 수녀회 원장이 되었고, 1952년부터는 첫 수련 수녀들이 선교회에 들어왔습니다.

마더 테레사는 사랑의 선교 수녀회를 통해
자신이 할 수 있는 봉사를 다했다고 생각했습니다.
하지만 마더 테레사의 손을 필요로 하는
더욱 비참한 곳이 여전히 남아 있었습니다.

이번엔 같은
실수를 하지
않겠어.

거리에서 죽어 가는 사람을
본 마더 테레사가
약을 사 왔지만, 환자는
이미 숨을 거둔 후였습니다.
마더 테레사는 처음으로
분노를 터뜨렸습니다.

개나 고양이도
보호할 곳이 있고,
자기 죽을 곳이 있는데,
어째서 사람이 길바닥에서
죽어야만 하는 거야!

마더 테레사는 콜카타시
당국을 찾아가 항의했습니다.

지붕이
있는 곳이면 됩니다!
비바람 맞지 않고
죽을 수 있게
해 달라고요!

그럼 수녀님이
운영하는 시설로
데려가시죠.

제가 원하는 건 치료 시설이
아니라, 마음 편히 죽을 수
있는 장소예요!

치료만 받으면 사는
환자와 며칠 안에 죽을
사람을 같이 둘 수는
없잖아요!

인근 사원에 있는
방 두 개를 내주게
하겠습니다.

마더 테레사는 치료가 목적인 병실과 죽음을 맞이하는 장소가 따로 필요하다는 것을 깨달았습니다. 그러나 죽음이 머무는 불길한 장소를 선뜻 내줄 곳은 별로 없었습니다. 더구나 반강제로 방을 내주게 된 곳은 힌두 사원이었습니다. 순례자들이 머물러야 할 곳에 죽어 가는 사람들이 들어오고, 신성한 힌두 예배당에 가톨릭 성직자들이 머물자 힌두 사제들이 불만을 표시했습니다.

힌두 사제들이 깨끗한 물을 나눠 달라는 부탁을 거절했어요.

그들을 이해해라. 이곳은 그들의 집이다.

죽어 가는 사람들에게 장소를 제공해 준 것만도 감사한 일이야.

물론, 그건 알지만…….

무슨 일이죠?

사제 한 명이 전염병에 걸려서 사원 밖으로 내보내야 할 듯합니다.

무슨 말씀이세요? 그 사제를 우리가 돌보겠어요!

마더 테레사와 수녀들은 전염병에 걸린 사제를 기꺼이 맡아 극진히 간호했습니다. 마더 테레사가 정성을 다해 간호하는 모습을 본 힌두 사제들은 깊은 감명을 받았습니다.

손도 대기 싫어하는 전염병 환자를 거리낌 없이 만지다니! 실로 거룩한 사람이구나.

결국 사제님을 구하질 못했어요. 저는 너무 무력합니다.

그렇지 않아요. 돌아가신 사제는 죽음 직전에야 엄격한 성직 생활에서 벗어나 편안한 미소를 지었어요.

이 일을 계기로 힌두 사제들은 마더 테레사의 소중한 친구이자 협력자가 됐습니다. 사제들의 도움을 받아 사원에 죽어 가는 사람들을 위한 장소가 마련됐습니다.

제가 지금까지 마더 테레사를 오해했습니다. 이젠 우리도 적극적으로 돕겠습니다. 필요한 건 뭐든 말씀하세요.

언젠가 내가 죽어 가는 사람들 틈에 눕게 되면, 그때 날 부탁합니다.

그런 말씀 마세요. 병 없이 오래 사셔야지요.

이것이 바로
마더 테레사가 시작한
'죽어 가는 사람들의 집
(니르말 흐리다이)'의
시작이었습니다.

소식을 듣고 찾아온 방송국의 다큐멘터리
기자들은 죽음 앞에서 밝은 미소를 짓는
사람들을 보고 충격을 받았습니다.

기자들은 어두운 곳에서도 선명한
사진이 찍히는 것을 보고 놀라워
했습니다. 이렇게 찍은 사진과
영상은 신문과 텔레비전을 통해
전 세계에 알려졌습니다.

기분 탓일까, 아니면
기적일까? 빛도 제대로
안 드는 어두운 곳에서
어쩜 이렇게 깨끗한
사진이 나올 수 있지?

죽어 가는 사람들을 위해 헌신하는 사랑의
선교 수녀회 활동은 전 세계의 사람들에게
감동과 충격을 주었습니다. 그리고 사랑의
선교 수녀회를 돕고자 전 세계로부터 도움의
손길이 뻗어 왔습니다. 그 결과
죽어 가는 사람들을 위한 집은 전 세계에
생겨나기 시작했습니다.

사랑의 선교 수녀회

사랑의 선교 수녀회는 인도 콜카타에서 마더 테레사가 빈민을
구제하기 위해 1948년에 설립한 자선 단체입니다. 원래
정식 이름은 없었는데, 사랑을 실천하는 선교회란 뜻으로
봉사자들이 사랑의 선교 수녀회라고 부르던 것이 1950년에
교황청의 정식 인가를 받아 공식 명칭이 됐습니다. 사랑의
선교 수녀회는 현재 전 세계 126개국의 200여 개 도시에
540여 개의 수녀회, 4,000여 명의 수녀와 평수사를 거느린
대규모 단체로 성장했습니다. 사랑의 선교 수녀회 총본부는
인도 콜카타에 있습니다.

마더 테레사 기념우표

하나 사랑의 선교 수녀회 3대 원칙

사랑의 선교 수녀회가 인도에서 활동하는 다른 가톨릭
선교 단체와 다른 것은 다음의 세 가지 원칙 때문입니다.
첫째, 설교 활동을 하지 않는다.
둘째, 개종을 권유하지 않는다.
셋째, 세례 활동을 하지 않는다.
마더 테레사가 인도에 갔을 당시, 힌두교도나
이슬람교도는 선교 목적이 강한 가톨릭의 봉사 활동에
적대감을 느꼈습니다. 그래서 인도 정부에서는 공식적인
선교 활동을 법으로 제한할 정도로 마더 테레사가
봉사 활동을 하기 좋은 상황은 아니었습니다. 그러나
마더 테레사의 사랑의 선교 수녀회는 종교에 상관없이
평등하게 봉사 활동을 했습니다. 심지어 죽어 가는
환자가 원할 때에는 다른 종교의 사제가 와서 장례
절차를 밟는 것도 허용했습니다. 즉, 사랑의 선교
수녀회는 종교를 떠나 순수하게 인간에 대한 봉사 정신을

사랑의 선교 수녀회 수녀들 ⓒ Fennec

실천한 단체였기 때문에 다른 선교회와 달리 인도 전역에서
받아들여졌습니다.

죽어 가는 사람들을 위한 집 © Mark Makowiecki

둘 ⁣ 사랑의 선교 수사회

남자 수도회의 필요성을 느낀 마더 테레사가 교황청의
인가를 받아 1963년에 사랑의 선교 수사회를 설립했습니다.
사랑의 선교 수사회 신부들은 스스로 가난해지기를
원했기에 수도복조차 입지 않고 초라하게 살면서 후원금도
받지 않았습니다. 대신 노숙자들에게 음식과 머물 곳을
내주고, 그들을 목욕시키고 병을 치료해 주는 봉사를
했습니다.
현재 사랑의 선교 수사회는 30여 개국에 80여 개의 분원을
두고 활동하고 있습니다. 우리나라는 1977년 인도에서 두
신부님이 서울 대교구에 오면서부터 활동을 시작했습니다.
마더 테레사는 이 밖에도 인도의 주요 지역에서 한센병
환자들을 돌보고 치료하는 '평화의 마을', '죽어 가는 사람들의
집', '버려진 아이들의 집', '결핵 환자들의 요양원', '굶주린
아이들과 학대받는 여성들을 위한 집' 등을 만들어 끝없는
봉사 정신을 실천했습니다.

who? 지식사전

손발과 얼굴에 변형을 가져오는 전염병, 한센병

한센병에 걸린 환자의 모습

나병, 문둥병이라고도 부르는 한센병은 전염병이기는 하지만, 격리가 필요한 질환은 아닙니다.
대표적인 증상은 피부가 문드러지고 썩어 들어가는 것으로, 치료가 된다 해도 신체적으로 많은
훼손을 당해 옛날부터 페스트와 더불어 사람들이 가장 두려워하는 질병이었습니다.
그러나 전 세계 95%의 사람이 자연 저항력을 갖고 있는 데다 의학이 발달하면서 전 세계의
한센병 환자도 많이 감소하고 있습니다. 한센병 환자는 아열대 지방에서 많이 발생하는데,
인도는 한센병 환자가 많은 나라 중 한 곳입니다.

셋 사랑의 선교회와 관련된 인물들

안드레아 신부

안드레아 신부는 오스트리아 출신으로, 원래 이름은 이안 트레버스볼입니다. 마더 테레사가 사랑의 선교 수사회를 만들었을 때, 이안 트레버스볼 신부는 안드레아로 이름을 바꾸고 사랑의 선교 수사회를 이끌었습니다.

안드레아 신부는 1986년 일신상의 문제로 사랑의 선교 수사회를 떠났다가 2000년 10월 4일, 멜버른에 있는 사랑의 선교 수사회에서 암으로 세상을 떠났습니다.

신부들을 중심으로 한 사랑의 선교 수사회도 생겼어요.
© Smith2006

수니타 쿠마르

수니타 쿠마르는 인도 상류층 출신의 유명한 여성 화가입니다. 일찍이 로레토 수녀원에서 마더 테레사에게 교육을 받기도 했던 쿠마르는 마더 테레사의 봉사를 직접 목격한 뒤 마더 테레사의 비서 역할을 자처하며 마더 테레사가 사망하기까지 35년간 사랑의 선교

who? 지식사전

성녀 잔 다르크

성자와 복자

가톨릭에서는 살아있을 때 덕행이 매우 뛰어나 신도들에게 모범을 보여 공식적으로 '성인록'에 오른 사람을 성인(여성인 경우 성녀)이라 합니다. 보통 신앙을 위해 목숨을 바친 사람들인 순교자들이 성인의 반열에 오른 경우가 많습니다.

복자(여성의 경우 복녀)는 준성인에 해당되는 것으로, 살아 있을 때 신앙심이 뛰어나거나 신자들의 공경의 대상이 된 사람에게 붙이는 존칭입니다.

성인은 전 세계 어디서나 공통으로 추모하며 기리지만 복자는 어떤 지방이나 단체에 한해 기리는 경우가 많습니다.

수녀회 홍보 활동을 주도했습니다.

달라이 라마

1989년 노벨 평화상 수상자인 달라이 라마는 티베트 불교의
정신적 지도자로, 현재까지도 중국의 지배에 맞서
비폭력 운동을 통해 티베트 독립 운동을 주도하는
사람입니다.
달라이 라마는 불교 지도자지만, 마더 테레사의
봉사 활동에 매우 감격했습니다. 마더 테레사가
행한 봉사와 달라이 라마가 늘 주장하던 자기 훈련,
용서, 사랑, 가난하고 힘없는 사람들에 대한 연민이
맞닿아 있었기 때문입니다.
달라이 라마는 마더 테레사가 활동하는 인도를
'종교적 화합을 가르쳐 준 고향'이라고 말했습니다.
마더 테레사가 교황청에 의해 복자의 반열에
오르자 달라이 라마는 직접 콜카타에 있는 사랑의
선교 수녀회를 찾아가 마더 테레사에 대해
연설하기도 했습니다.

티베트의 불교 지도자 달라이 라마

한국에도 있는 사랑의 선교 수녀회

1981년 5월, 김수환 추기경의 초청으로 마더 테레사가 한국을 방문하면서 한국에도
사랑의 선교 수녀회가 설립됐습니다.
한국은 인도와 처한 환경이 다르기 때문에 질병 관리나 교육보다는 주로 양로원 운영,
임종 직전의 무의탁 환자 보호, 극빈 가정을 위한 봉사 활동을 하고 있습니다.
사랑의 선교 수녀회 한국 본원은 경기도 안산에 있으며, 인천과 광주에 분원이
있습니다.

우리나라에 방문했을 당시의 마더 테레사

7 가난한 사람들의 빛

마더 테레사는 생명을 소중히 여겼고, 그 일환으로 낙태 반대 운동을 펼쳤습니다. 그러나 마더 테레사의 낙태 반대 운동이 악용돼 오히려 거리의 아이들 수가 늘어나는 결과가 발생했습니다.

인도에서는 자식 수가 곧 재산이오! 많이 낳을수록 많이 구걸해 오니까요.

저 아이의 부모잖아요! 그런데 어째서 아이에게 구걸을 시키는 거죠?

정 보기 싫다면 수녀님이 우리 애들을 데려다 키우시오!

그렇게 하겠어요! 아이들에게 눈물 젖은 빵을 먹이진 않을 거예요!

반대에 앞서 낙태를 하지 않아도 되는 환경을 만들어 주는 게 더 중요하구나.

아이들을 위한 집을 만들고 싶어.

제가 관청에 가서 필요한 서류를 알아볼게요.

1955년 9월, 마더 테레사에 의해 '버려진 아이들의 집'이라는 어린이 보호 시설이 만들어졌습니다. 의지할 곳 없는 고아들은 이곳에서 굶주림과 병을 치료하고 교육도 받을 수 있었습니다.

앞으로는 분만실도 만들어서 낮자마자 버려지는 아이를 우리가 직접 키울 수 있게 할 거예요.

인도 정부에서도 여력이 있는 한 협력하겠습니다.

마더 테레사는 이 기쁨을 친구에게 보내는 편지에 쓰기도 했습니다. 이렇게 시작된 '버려진 아이들의 집'은 20년이 채 안 돼 61개의 시설에서 5,000여 명의 아이를 구제할 수 있게 되었습니다.

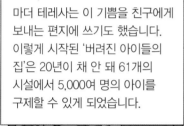

지금은 빈민가에서도 아이들의 노래를 들을 수 있어. 이 모든 게 바로 내가 보고 싶었던 것이야!

이 아이들을 더 좋은 가정에 입양시키고 싶어. 하지만 누가 불가촉천민 출신의 아이를……

마더 테레사, 좋은 소식이 있어요.

무슨 일인가요?

상류층에서 아이를 입양하겠다는 사람이 나타났어요!

이런 일이!

상류 사회에서 연이어 버려진 아이들을 입양했고, 입양된 아이들은 양부모와 같은 계급을 물려받았습니다. 인도에서 드디어 계급 파괴가 일어난 것입니다.

그냥 선전 효과만으로 데려가는 건 아니시죠?

걱정하지 마세요. 제 목숨보다 소중하게 키울 겁니다!

인도에서 일어난 이런 변화는 인도인 자신들도 믿지 못할 일이었습니다. 심지어 인도 수상마저도 놀라게 했을 정도였습니다.

인도에서 이런 변화가 일어나리라고는 상상도 못 했어요. 하지만 실제 일어났습니다.

당신은 정말 대단한 일을 해낸 거예요.

앞으로 인도는 변할 겁니다. 얼마든지요.

그러자 1958년, 새로 교황이 된 요한 23세가 사랑의 선교 수녀회에 이례적인 특혜를 주었습니다.

헨리 신부님?

신부님, 좋은 소식이 있나 보죠?

어떻게 아셨습니까?

신부님께서 자전거 페달을 빨리 밟으면 밟을수록 좋은 소식을 가지고 오시니까요.

그런가요? 아하하하!

놀라지 마세요! 교황께서……

사랑의 선교 수녀회가 분원을 내는 것을 허가해 준답니다!

꺄악!

잘됐군요.

놀라지 않으십니까?

충분히 놀라고 있어요. 다만 호들갑을 떨지 않을 뿐이랍니다.

허어! 이것이 바로 관록이군요!

수도회가 분원을 낸다는 것은 다른 지역에서도 사랑의 선교 수녀회의 이름으로 봉사 활동을 할 수 있다는 의미였습니다. 규모가 크고 설립된 지 10년이 넘는 수도회들도 분원 허가를 받는 것은 매우 힘든 일이었습니다.

따라서 설립된 지 10년도 안 된 사랑의 선교 수녀회가 분원을 낸다는 것은 엄청난 명예였습니다.

마더 테레사는 공산권 국가에서의 활동 같은 특수한 경우를 제외하고는 지원 없이 스스로 운영할 수 있는 곳에서만 사랑의 선교 수녀회의 분원을 열 수 있도록 허락했습니다.

지원 없이도 자립할 수 있다면 인식도 달라지지 않을까?

그렇게 되면 우리 같은 선교회가 더 많이 늘어나겠군요!

처음 시작하는 사람들에게 너무 힘들지 않을까요?

내가 처음 수녀원을 떠날 때 교황청에서는 비용이 많이 든다며 새로운 선교회를 허락해 주지 않으려 했어.

사랑의 선교 수녀회는 수녀 중심의 단체예요. 신부님들 중심의 사랑의 선교 수사회도 있어야 하지 않을까요?

신부들이 수녀님들을 이끄는 경우는 봤어도, 수녀님이 신부들을 이끄는 경우는 처음 봅니다.

1965년에는 마더 테레사가 따로 설립한 '사랑의 선교 수사회'가 교황청 직속 조직이 되는 명예를 얻기도 했습니다.

사랑의 선교 수도회의 일과는 이른 새벽부터 시작됐습니다. 일반인이 보기에는 가혹할 정도의 일정이었지만, 아무도 불평하지 않았습니다. 왜냐하면, 마더 테레사 스스로 솔선수범해 일과를 수행했기 때문입니다.

하루 일과

취침
저녁 기도
미사
저녁 식사
봉사 활동
휴식
휴식 시간
성경 공부
점심 식사
기도
봉사 활동
미사
아침 기도

우리에게 봉사는 일상이랍니다!

봉사를 쉽게 생각하고 왔던 사람들은 그 일정을 따라가지 못해 포기하는 경우도 있었습니다. 반대로 이 가혹한 봉사 일정을 통해 자신감을 얻고 새로운 봉사 활동을 시작하는 사람도 생겼습니다.

이건 봉사가 아니라 고행이야, 고행!

비록 짧은 기간이지만 일정을 완벽하게 수행했어!

또한, 마더 테레사는 수녀와 봉사자들에게 청빈한 생활을 강조했습니다.

이게 제 이름으로 가진 재산 전부랍니다.

나도 처음엔 가난한 사람들처럼 굶으면서 봉사하려고 했어요. 하지만 그러지 못했죠.

어째서요?

환자를 돌보는 것은 사실 엄청난 체력을 필요로 해요. 그래서 먹는 것만큼은 잘 챙긴답니다.

풍성한 수녀원의 식탁을 보고 가난한 사람들을 외면하는 게 아닌가 의문도 가졌었어요.

하지만 우리가 영양가 많은 식사를 해야 하는 이유를 깨닫고 다시 믿음을 지킬 수 있었답니다.

오, 할렐루야!

마더 테레사의 봉사가 세계의 관심을 끌자 인도 정부도
더 적극적으로 나서기 시작했습니다. 인도 정부가 땅을 주자
마더 테레사는 한센병 환자를 위한 시설을 지었습니다.

마더 테레사!

왜 그러지?

교황께서 이곳을
방문하신대요!

교황께서?

새로 교황이 된 바오로 6세는 종교와 인종 차별 없이
사랑을 실천하는 마더 테레사를 몹시 만나 보고 싶어
했습니다.

마더 테레사가 교황 바오로 6세와 만나는
모습을 본 사람들은 전보다 더 사랑의 선교
수녀회에 관심을 두었고, 지원이 늘어나
인도에 종합 병원을 지을 수 있게 됐습니다.

하지만 기쁨도 잠시, 1970년에 마더 테레사에게 지극히 인간적인 시련이 찾아왔습니다.

아가 언니한테서 편지가?

안 돼요, 엄마!

마더 테레사는 고향을 떠나 온 이후 40여 년 동안 가족을 보지 못했습니다. 어머니가 위독하다는 편지를 받은 마더 테레사는 유고슬라비아 적십자사의 도움으로 고향인 스코페에 도착했습니다.

엄마, 제가 곧 가요.

10분 거리도 안 되는 병원에 엄마가 입원해 있어요. 1시간 만이라도 만나게 해 줘요.

정 원하신다면 어머님을 만나도 좋습니다, 마더 테레사.

그러나 공산 정권이 들어서 가혹한 독재 정치를 펴던 유고슬라비아 정부는 국제적 인사가 된 마더 테레사의 방문을 반기지 않았습니다.

마더 테레사 때문에 국제적인 관심이 쏠려 유고슬라비아의 부정적인 면이 드러날 것을 우려해 어머니와의 재회를 허락하지 않았던 것입니다.

단, 어머니를 만난 후에는 이곳에서 출국할 수 없습니다. 평생을 이곳에서 사십시오.

마더 테레사는 기도하고 또 기도했습니다. 하지만 이 상황에서 만큼은 어떤 해결 방법도 나오지 않았습니다.

내가 돌아가지 못하면 인도의 죽어 가는 사람들에게 누가 안식의 자리를 마련해 주지?

하지만 엄마를 버려둘 수도 없어!

알았어요, 어머니를 만나지 않고 돌아가겠어요.

어라, 생각보다 쉽게 포기하네?

제 손길을 기다리는 수백, 수천, 아니 수만 명의 사람들이 있어요. 전 그들을 포기할 수는 없습니다.

안타깝지만, 미안합니다.

어머니가 계신 마을은 고작 몇 킬로미터밖에 떨어져 있지 않았습니다. 하지만 마더 테레사는 끝내 어머니와 언니를 만나지 못하고 돌아가야 했습니다.

마더 테레사!

미안해요, 엄마. 미안해, 언니. 날 용서해 줘요!

결국, 1972년 7월 12일 어머니가 세상을 떠났습니다. 그리고 병을 앓던 언니 아가도 1년 후인 1973년 8월 25일 세상을 떠났습니다.

마더 테레사
…….

자, 울지 마요. 그만! 환자들이 우릴 기다리고 있어요.

흑!

마더 테레사는 환자들의 미소로 슬픔을 극복할 수 있었고, 더욱 왕성하게 활동했습니다.

1962 – 막사이사이상(필리핀)
1971 – 케네디 재단상(미국)
1971 – 요한 23세 평화상(바티칸)
1972 – 네루상(인도)

그 후 마더 테레사에게 전 세계로부터 자국을 방문해 달라는 요청이 몰려왔습니다. 마더 테레사는 수많은 인권상을 받기도 했는데, 받은 상만 해도 100개가 넘을 정도였습니다.

1979년의 어느 날.

오늘따라 기자가 왜 이리 많지? 오늘은 취재 요청이 없었는데?

따르릉

마더 테레사? 축하합니다! 마더 테레사께서 이번 1979년 노벨 평화상 수상자로 선정되셨습니다.

노벨 평화상 수상?

당시 세계는 자유 진영과 공산 진영으로 나뉘어 치열하게 대립 중인 냉전 시대였습니다. 그러나 마더 테레사의 봉사는 공산권과 자유 진영을 차별하지 않았습니다. 심지어 공산 국가이면서도 자발적으로 마더 테레사가 방문하기를 원하는 곳도 있었습니다.

전 이 귀한 상을 제가 아닌 가난한 사람을 대표해서 받겠습니다.

노벨 재단은 마더 테레사의 봉사 활동이 빈민 구제뿐만 아니라, 인종과 신분을 초월한 봉사라는 점을 높이 평가했습니다. 그리고 그것이 세계 평화와 냉전 시대 화해의 분위기에 일조했다는 점도 인정했습니다.

마더 테레사의 봉사를 통한 인도인들의 의식 변화! 이것만으로도 마더 테레사는 충분히 위대합니다!

1979년 12월 10일, 노르웨이 오슬로.

난 인터뷰하는 것에 익숙하지도 않고, 좋아하지도 않아.

네?

솔직히 인터뷰하는 것보다 한센병 환자를 돌보는 게 더 마음이 편해.

그럼 수상 연설을 취소해 달라고 부탁할까요?

귀한 상이 내게 온 것은 하느님께서 내 입을 통해 뭔가를 전하고 싶은 게 있기 때문일 거야.

테레사 수녀님, 이것을……

여유 있을 때의 자선보다는, 여러분이 힘들 때 나눠 주는 것이 가난한 사람들에겐 더 큰 감사함으로 다가온답니다.

시상식 참석자들은 빈민가를 다니던 그대로의 차림으로 연단에 오른 초라하고 왜소한 마더 테레사의 모습에 충격을 받았습니다. 저 자그마한 몸에서 어떻게 세계인의 마음을 움직인 용기와 의지가 숨어 있었는지 의아해할 정도였습니다. 하지만 사랑과 평화에 대한 마더 테레사의 연설은 사람들에게 감동을 줬습니다. 부유할 때 나누기보다 없을 때 도와주는 게 더욱 소중하다는 마더 테레사의 말은 풍요로운 삶을 살던 사람들을 숙연하게 만들었습니다.

그리고 마지막으로 기도하겠습니다.

마더 테레사가 연설을 마치고 성 프란체스코 기도문을 외우자, 놀랍게도 시상식에 온 사람들이 모두 따라 기도문을 외웠습니다. 주최 측에서 기도문을 참석자들에게 미리 배포했던 것입니다.

노벨상 시상식에서 기도문이 울려 퍼진 것은 이때가 처음이자 마지막이었습니다.

절망이 있는 곳에 희망이 있게 하옵시며, 어둠에는 빛이 있게 하옵시고, 슬픔이 있는 곳에 기쁨을 가져오는 자가 되게 하옵소서.

앗, 마더 테레사다!

시상식 다음 날, 마더 테레사가 노르웨이 국민에게 연설하기 위해 도착하자 사람들은 자발적으로 할렐루야를 외쳤습니다.
마더 테레사에게는 평생 잊을 수 없는 광경이었습니다.

노벨 평화상 수상으로 마더 테레사는 전보다 더 바쁜 나날을 보냈습니다. 그러나 1993년 심장 수술을 받은 직후부터 마더 테레사는 급격히 쇠약해졌습니다.

이번엔 심장이 멈추기까지 하셨어요. 이제 일을 조금 쉬세요.

1997년 9월 5일, 마더 테레사는 아침 기도 후 어지러움을 느끼고 자리에 누웠습니다.

마더 테레사!

그리고 이날 오후, 마더 테레사는 영원히 눈을 감았습니다.

신부님을 불러 주세요. 마지막으로 고해 성사를 하고 싶어요.

마더 테레사의 장례식 날, 인도 정부는 국상일로 선포하고 마더 테레사를 추모했습니다.

인도뿐만 아니라, 전 세계가 마더 테레사의 죽음을 슬퍼했습니다. 멀리 떨어진 미국에서는 국가 기념일로 지정할 정도였습니다.

몰려드는 군중 때문에 경찰들은 장례식을 진행하는 데 애를 먹었습니다. 그만큼 마더 테레사는 인도인들의 사랑을 받았던 것입니다.

내가 너희를 사랑한 것처럼 너희도 서로 사랑하라.

2003년 교황 요한 바오로 2세는 그 공로를 기려 마더 테레사를 복녀의 반열에 올렸습니다. 또한 2016년에는 가톨릭의 성녀로 추대했습니다.

마더 테레사는 세상을 떠났지만, 그 뜻을 이은 사랑의 선교 수녀회는 지금도 전 세계에서 가난하고 비참한 사람들을 위해 봉사 활동을 하고 있습니다.

2009년에는 마케도니아의 수도 스코페에 마더 테레사 기념관이 건립되어 마더 테레사의 업적을 기리고 있습니다.

who?와 함께라면 미래가 보인다

어린이
진로 탐색

성직자

어린이 친구들 안녕?
마더 테레사 이야기 재미있게 읽었나요?

그렇다면 이제부터
마더 테레사가 꿈을 키워 가는 과정을 함께 되짚어 보며
그가 활동한 분야와 그 분야에 속한 다양한 직업에 대해
살펴봐요!

또한 여러분에게는 어떤 장점과 적성, 가능성이
숨어 있는지 찾아보면서
그것을 어떻게 진로와 연결시킬 수 있는지에 대해서도
알아봅시다!

그럼 지금부터
여러분이 멋진 꿈을 향해 나아갈 수 있도록 도와줄
진로 탐색을 시작해 볼까요?

자기 이해부터
진로 체험까지,
다양한 진로 탐색
활동을 시작해 봐요!

나의 종교는?

마더 테레사는 독실한 가톨릭 신자였던 부모님의 영향으로 태어나마자 아녜스
곤히야라는 세례명을 받았어요. 찬송가와 성경을 들으며 자랐고, 이웃을 사랑하라는
가르침을 받았지요. 이러한 환경으로 마더 테레사는 자연스럽게 수녀의 길을 걷게
되었어요. 이처럼 종교는 한 사람의 가치관과 진로에까지 중요한 영향을 미칠 수
있어요. 여러분의 종교는 무엇인가요? 없다면 관심이 있는 종교는 무엇인지에
생각해 보세요.

✳ 나의 종교는 무엇인가요? 종교가 없다면, 내가 평소에 알고 싶었던 종교는
무엇인가요?

✳ 그 종교를 선택한 이유는 무엇인가요?

✳ 그 종교의 경전은 무엇이며, 어떤 내용인가요?

✳ 종교가 있다면, 종교가 나에게 어떤 영향을 주었나요? 종교가 없다면, 종교가 생겼을
때 어떤 영향을 줄지 생각해 보세요.

진로 탐색 STEP 2

영화 속 성직자의 삶은?

우리는 영화를 통해서 성직자들의 삶을 간접 체험하여 이해할 수 있어요. 다음에 제시한 영화나 다른 성직자의 삶을 다룬 영화를 보고 성직자의 삶에 대해 생각해 보고, 그에 대한 감상을 정리해 보세요.

성직자의 삶에 대해 알아볼 수 있는 영화 〈프란치스코〉

프란치스코 교황의 76년 인생을 생생히 담아낸 영화로 바티칸에서 공식 인증을 받은 영화입니다. 의사가 되려했던 아르헨티나의 청년이 성직자가 된 후 소외된 사람들과 함께한 모습과 교황으로 선출되기까지의 인생을 그리고 있습니다.

영화 〈프란치스코〉의 실제 주인공인 프란치스코 교황의 모습
ⓒ Jeffrey Bruno

✳ 내가 본 영화의 제목: ·······························

✳ 가장 인상에 남는 장면은 무엇인가요?

✳ 왜 그 장면이 가장 인상 깊었나요?

✳ 성직자의 삶에 대해 새롭게 알게 된 것이나 느낀 점은 무엇인가요?

진로
탐색
STEP 3

본받을 만한 성직자는?

마더 테레사는 소화 테레사의 책을 읽고 그녀와 같은 길을 걷는 수녀가 되겠다고
결심했어요. 그리고 수녀가 된 후 소화 테레사의 이름을 따서 '테레사'라는 이름을
받았지요. 이처럼 본받고 싶은 성직자가 있는지 알아보고, 그에 대해 조사해 보아요.

1. 이태석 신부

성직자로서 어떤 일을 했나요?

의사 공부를 마치고 신부가 되었어요. 아프리카로 가서 병원을 세워 사람들을
치료하면서 선교 활동을 했어요. 전쟁으로 폐허가 된 아프리카 수단의 사람들을
가르치기 위해 학교를 세우기도 했지요. 많은 사람들을 치료해 주었지만, 자신의
건강은 돌보지 못해서 48세라는 이른 나이에 돌아가셨어요.

어떤 점을 본받고 싶나요?

그러한 성직자가 되기 위해서는 어떤 노력이 필요할까요?

2.

성직자로서 어떤 일을 했나요?

어떤 점을 본받고 싶나요?

그러한 성직자가 되기 위해서는 어떤 노력이 필요할까요?

나는 어떤 성직자가 될까?

마더 테레사는 평생 어려운 사람을 도우며 살았어요. 이는 《성경》의 '네 마음을
다하여 이웃을 너 자신같이 사랑하라'라는 가르침을 따른 것이었지요. 만약에
여러분이 성직자가 된다면 어떤 경전의 어떤 가르침을 따라 살고 싶은지 한번 생각해
보세요. 성직자가 된 나의 모습을 상상해 보면서 다음 가상 인터뷰 질문에 답해 봐요.

성직자 ○○○!

.... 정신을 실천하다

✳ 종교를 통해 사회에 어떤 영향을
끼치고 싶은가요?

미래의 나의 모습을
그려 보아요.

✳ 나의 종교를 통해 실천하고 싶은 사회 활동들을 생각해 보세요.

한국 천주교의 역사를 간직한 명동 성당

명동 성당은 서울 대교구의 중심이 되는 성당이자 한국 최초의 가톨릭 성당으로서 의미 깊은 건물입니다. 명동 성당은 고딕 양식의 건축으로 1898년에 완성되었다고 합니다. 처음에는 종현 성당이라는 이름이었지만, 광복 이후 명동 성당으로 이름이 바뀌었습니다.

명동 성당 전경

명동 성당은 한국 천주교의 상징이자 '민주화의 성지'라고 부를 정도로 현대 민주화 운동에서도 중요한 역할을 한 역사적인 곳이기도 합니다. 지하에는 천주교가 박해를 받았을 때 믿음을 지키며 죽어 간 순교자들의 유해가 안치되어 있답니다. 이러한 문화적, 역사적인 가치를 높이 사서 사적 제258호로 지정되어 있습니다.

나라에서 행정 구역을 '도'로 나누어 부르듯 천주교에서는 지역을 크게 나누어 '교구'라고 하고, 교황이 임명한 교구장 주교를 중심으로 신자 공동체 활동을 합니다. 교구는 다시 작은 구역으로 나누어 각 구역마다 본당(성당)을 지어 신부와 수녀가 신자들의 신앙 활동을 돕게 합니다. 명동 성당은 한국에서 신자 공동체가 처음으로 이루어진 곳인 만큼 매일 미사와 성사가 이루어질 뿐만 아니라, 지난 2016년 9월 마더 테레사가 성녀의 반열에 오른 시성식 기념 미사를 여는 등 국가적인 기념과 추모, 장례 등의 미사가 열리는 곳입니다.

그 외에도 세례를 받아 정식 천주교 신자가 되기 전 예비 신자로서 교육을 받는 예비 신자 교리반을 운영하고 있으며, 청년 성서 모임을 비롯한 여러 성경 공부 모임이 이루어지고 있습니다. 명동 성당에서 한국 천주교가 지나온 발자취를 느껴 보세요.

명동 성당 내부 모습

나의 기도문 쓰기

마더 테레사는 소외받은 사람을 위해 가장 낮은 곳의 사람들에게 다가가 그들을
위해 기도하고 봉사하는 삶을 살았어요. 여러분도 어떤 사람이 되고 싶은지, 어떤
사람들에게 힘이 되고 싶은지에 대해 생각해 보고, 자신만의 기도문을 써 보세요.

마더 테레사

1910년		8월 26일, 마케도니아의 스코페시에서 니콜라와 드라나필의 셋째로 태어납니다. 다음 날 아녜스라는 세례명을 받습니다.
1919년	9세	아버지 니콜라가 암살당합니다.
1925년	15세	잠브레코빅 신부의 영향으로 수녀가 되겠다고 마음먹었습니다.
1928년	18세	로레토 수녀원에 들어갑니다.
1929년	19세	인도 콜카타에 도착했고 수련을 위해 다르질링으로 향합니다.
1931년	21세	유기 서원을 하여 정식 수녀가 됩니다.
1937년	27세	종신 서원을 하고 테레사로 명명합니다.
1944년	34세	성 마리아 학교의 교장이 됩니다.
1946년	36세	다르질링으로 가는 기차 안에서 새로운 선교회를 설립할 것을 결심합니다.
1948년	38세	교황청의 허락을 받고 모티즈힐에서 봉사 활동을 시작합니다.

1950년	40세	교황청의 승인을 받아 '사랑의 선교 수녀회'가 정식 선교회가 됩니다.
1953년	43세	'죽어 가는 사람들의 집'을 만듭니다.
1963년	53세	수도사 중심의 '사랑의 선교 수사회'를 설립합니다.
1972년	62세	7월 12일, 어머니 드라나필이 세상을 떠납니다.
1979년	69세	노르웨이 오슬로에서 노벨 평화상을 받습니다.
1989년	79세	건강 악화로 심장 수술을 받습니다.
1991년	81세	미국과 이라크의 정상에게 걸프전을 중단할 것을 호소합니다.
1993년	83세	두 번째 심장 수술을 받습니다.
1996년	86세	세 번째 심장 수술을 받습니다.
1997년	87세	9월 5일, 콜카타에서 심장마비로 세상을 떠납니다.
2003년		교황 요한 바오로 2세에 의해 복녀로 인정받습니다.
2016년		가톨릭 성인으로 추대됩니다.

찾아
보기

who? 한국사

초등 역사 공부의 첫 단추! '인물'을 알아야 시대가 보인다

● 선사·삼국 ● 남북국 ● 고려 ● 조선

※ who? 한국사(전 47권) | 대상 초등학교 전 학년 | 책 크기 188×255 | 각 권 페이지 190쪽 내외

who? 인물 중국사

인물로 배우는 최고의 역사 이야기

※ who? 인물 중국사 (전 30권) | 대상 초등학교 전 학년 | 책 크기 188×255 | 각 권 페이지 190쪽 내외

who? 아티스트

최고의 명작을 탄생시킨 아티스트들을 만나다

● 문화·예술·언론·스포츠

※ who? 아티스트(전 40권) | 대상 초등학교 전 학년 | 책 크기 188×255 | 각 권 페이지 190쪽 내외

who? 인물 사이언스

기술로 세상을 발전시킨 과학자들의 이야기

※ who? 인물 사이언스(전 40권) | 대상 초등학교 전 학년 | 책 크기 188×255 | 각 권 페이지 180쪽 내외

who? 세계 인물

세상을 바꾼 위대한 인물들의 이야기

※ who? 세계 인물(전 40권) | 대상 초등학교 전 학년 | 책 크기 188×255 | 각 권 페이지 180쪽 내외

who? 스페셜 · K-pop

아이들이 가장 만나고 싶고, 닮고 싶은 현대 인물 이야기

※ who? 스페셜 · K-pop | 대상 초등학교 전 학년 | 책 크기 188×255 | 각 권 페이지 190쪽 내외